AF082237

Printed in the USA
CPSIA information can be obtained
at www.ICGtesting.com
LVHW011442270824
789403LV00015B/670

9 789358 723373

آغا حیدر حسن مرزا:
شخصیت اور فن
(مضامین)

مرتب:
رحمت یوسف زئی

© Rahmat Yousuf Zai

Agha Hyder Hasan Mirza (Shakhsiat aur Funn)
by: Rahmat Yousuf Zai
Edition: March '2024
Publisher :
Taemeer Publications LLC (Michigan, USA / Hyderabad, India)

ISBN 978-93-5872-337-3
9 789358 723373

مصنف یا ناشر کی پیشگی اجازت کے بغیر اس کتاب کا کوئی بھی حصہ کسی بھی شکل میں بشمول ویب سائٹ پر اَپ لوڈنگ کے لیے استعمال نہ کیا جائے۔ نیز اس کتاب پر کسی بھی قسم کے تنازع کو نمٹانے کا اختیار صرف حیدرآباد (تلنگانہ) کی عدلیہ کو ہو گا۔

© رحمت یوسف زئی

کتاب	:	**آغا حیدر حسن مرزا: شخصیت اور فن**
مرتبہ	:	**رحمت یوسف زئی**
تدوین / پروف ریڈنگ	:	اعجاز عبید
بہ تعاون	:	آغا حیدر حسن مرزا میوزیم و کلچرل سنٹر
صنف	:	غیر افسانوی نثر
ناشر	:	تعمیر پبلی کیشنز (حیدرآباد، انڈیا)
سالِ اشاعت	:	۲۰۲۴ء
صفحات	:	۱۰۶
سرورق ڈیزائن	:	تعمیر ویب ڈیزائن

فہرست

	پہلی بات	رحمت یوسف زئی	7
	خیر مقدم	غنی نعیم	9
	خطبۂ استقبالیہ	میر معظم حسین	13
(۱)	گذشتہ حیدرآباد	ڈاکٹر شارب ردولوی	23
(۲)	آغا صاحب باغ و بہار شخصیت	آمنہ انصاری	37
(۳)	پروفیسر آغا حیدر حسن مرزا کی دکنی لغت	رحمت یوسف زئی	40
(۴)	پروفیسر آغا حیدر حسن مرزا کا سماجی اور تہذیبی شعور	ڈاکٹر رضوانہ معین	49
(۵)	پس پردہ کی نسوانی زبان کی متحرک تصویریں	ڈاکٹر پرویز احمد اعظمی	57
(۶)	پروفیسر آغا حیدر حسن: اپنی تحریروں کے آئینے میں	ڈاکٹر عرشیہ جبین	65
(۷)	حیدرآباد کے تہذیبی اور ثقافتی عناصر	ناہید بیگم	74
(۸)	پروفیسر آغا حیدر حسن مرزا کے سفرنامے	سمیہ تمکین	82
(۹)	آغا حیدر حسن بحیثیت انشائیہ نگار	نشاط بیگم	91
(۱۰)	آغا حیدر حسن کی مقدمہ نگاری	واجدہ بیگم	97
(۱۱)	پروفیسر آغا حیدر حسن مرزا: فن اور شخصیت	قدیر انصاری	102

انتساب

مرحومہ ڈاکٹر زینت ساجدہ

کے نام

جن کی تحریک سے

آغا حیدر حسن مرزا سمینار منعقد ہو سکا

پہلی بات

رحمت یوسف زئی

پروفیسر آغا حیدر حسن مرزا اردو دنیا کی ان شخصیتوں میں شمار کیے جاتے ہیں جن کو legend کہا جا سکتا ہے۔ دلی کی بیگماتی زبان کی بات چھڑے تو آغا حیدر حسن مرزا کا ذکر آنا لازم ہے۔ وہ انداز، وہ لوچ، وہ ادائیگی جیسے ان پر ختم سی ہوگئی۔ ان کا تعلق مغل شاہی خاندان سے تھا اور اگر چہ انھوں نے دلی کی سکونت ترک کر کے حیدرآباد کو اپنا مسکن بنالیا تھا لیکن آغا حیدر حسن مرزا کے رگ وپے میں دلی بسی ہوئی تھی۔ اردو زبان وادب سے ان کی گہری وابستگی انھیں تدریس کی دنیا میں لے گئی اور حیدرآباد نے انھیں آنکھوں پر بٹھایا کیوں کہ حیدرآباد باکمالوں کی قدر کرنے میں کبھی کسی سے پیچھے نہیں رہا۔ آغا حیدر حسن مرزا نے انشائیے لکھے، سفرنامے تحریر کیے، تاریخی تفصیلات کو صفحۂ قرطاس پر منتقل کیا، دکنی کی لغت ترتیب دی، ڈرامے قلم بند کیے، تنقید و تحقیق و تدوین غرض کوئی شعبہ انھوں نے نہیں چھوڑا اور ہر میدان میں اپنی گہری فکر و دانش کے جھنڈے گاڑ دیئے۔ اس پر مستزاد ان کا مخصوص اسلوبِ بیاں اپنی مثال آپ ہے۔

آغا حیدر حسن چاہتے تھے کہ ان کے مضامین کتابی شکل میں شائع ہوں لیکن حیات میں ان کو موقع نہ مل سکا۔ ایک تو یہ کہ وہ بے حد مصروف رہا کرتے تھے اور دوسرے یہ کہ ان کا سارا سرمایہ کاغذ کے پرزوں پر بکھرا بکھرا سا تھا جسے ترتیب دینے کی خواہش کے باوجود وہ یہ کام نہ کر پائے۔ لیکن آغا حیدر حسن مرزا کے شاگرد اور داماد میر معظم حسین

کے علاوہ نواسی سلطانہ حسن اور نواسے میر اصغر حسین تیمور نے ان تھک محنت کر کے ان کا سرمایہ یکجا کیا اور تب آغا حیدر حسن مرزا کی کتابیں ندرت زبان، حیدرآباد کی سیر اور دکنی لغت منظر عام پر آسکیں۔ ان ہی اصحاب کی کاوشوں سے آغا حیدر حسن میوزیم و کلچرل سنٹر کا قیام ہو سکا جس کے تحت ۱۶ اگست ۲۰۰۹ء کو آغا حیدر حسن مرزا کی شخصیت اور فن پر ایک سمینار کا انعقاد ہوا جس میں میں نے بھی دکنی لغت پر اپنا مضمون پیش کیا۔ اس سمینار کا اہتمام صرف آٹھ دن میں کیا گیا جس کے لیے ڈاکٹر اصغر حسین تیمور قابلِ مبارک باد ہیں۔ زیر نظر کتاب میں اسی سمینار میں پیش کردہ مضامین کی شیرازہ بندی کی گئی ہے۔

اس کتاب کو قارئین کی خدمت میں پیش کرتے ہوئے مجھے ایک طرف مسرت کا احساس ہو رہا ہے اور دوسری طرف اس بات کا قلق ہے کہ آغا حیدر حسن مرزا پر منعقدہ سمینار کا سارا انصرام جس شخص کے ہاتھوں انجام پایا وہ اب ہم میں نہیں۔ میرے دوست اور کرم فرما جناب غنی نعیم کی عین خواہش تھی کہ یہ کتاب شائع ہو۔ لیکن سمینار کے چند ہی ماہ بعد وہ اس دیار فانی سے سدھار گئے۔ وہ اگر ہوتے تو اس کتاب کی صورت گری وہی کرتے۔

بہر حال کتاب آپ کے ہاتھوں میں ہے۔ امید ہے کہ یہ کوشش پسند کی جائے گی۔

خیر مقدم

غنی نعیم

یہ میرے لئے باعث عزت ہے کہ میں آپ تمام کا استقبال پروفیسر آغا حیدر حسن مرزا میوزیم و کلچرل سنٹر میں کر رہا ہوں۔ یہ وہ باعظمت یکتائے روزگار اقلیم ادب، دانش کدہ اور دیارِ تہذیب و ثقافت ہے جہاں ہم سب اپنی خوش قسمتی سے باریاب ہوئے ہیں۔ کہا اور سنا جاتا ہے کہ ارواحِ مطمئنہ کو اللہ بزرگ و برتر رب قدیر انہیں اپنے فضل و کرم سے یہ آزادی عطا فرماتا ہے کہ جہاں اُن کا ذکر خیر ہوتا ہے وہ اس مقام پر موجود رہتے ہیں۔ اُن نفوس قدسیہ میں پروفیسر آغا حیدر حسن رحمۃ اللہ علیہ اور میری محترم مادرانہ شفقت رکھنے والی زینت ساجدہ علیہ الرحمہا شامل ہیں جو یقینی اس محفل میں موجود ہوں گے۔ مجھ ناچیز کو محترمہ زینت ساجدہ علیہ الرحمہا کے توسط سے اس خانوادہ علم و دانش سے تعلق خاطر پیدا ہوا اور میں پروفیسر اصغر حسین تیمور اور اُن کے والد محترم المقام حضرت میر معظم حسین صاحب جیسی فیض جاریہ رکھنے والی شخصیتوں سے متعارف ہوا۔ پروفیسر آغا حیدر حسن مرزا کی باغ و بہار اور ہمہ داں شخصیت اور ان کے علمی و ادبی کارناموں سے ان کی عالمگیر شہرت سے ہند و پاک بلکہ غیر ممالک کے اہل علم و ادب بخوبی واقف ہیں۔ آغا صاحب کی صاحبزادی محترمہ مہر النساء بیگم اور ان کے شوہر نامدار واجب التعظیم و تکریم میر معظم حسین صاحب اور ان کے صاحبزادے پروفیسر اصغر حسین تیمور اور دیگر افرادِ خاندان وہ یکتائے زمانہ شخصیتیں ہیں جنہوں نے آغا صاحب کی اس رہائش گاہ کو

کلچرل اور میوزیم سنٹر بنانے میں اپنے شب و روز وقف کر دیئے۔ میرے ناچیز خیال میں ان شخصیتوں نے اپنے بزرگ خاندان کے عظیم ترین علمی، ادبی اور ثقافتی سرمایہ کو سلیقہ اور قرینہ سے محفوظ رکھا اور آنے والی نسلوں کے لئے علم و دانش اور تحقیق کے لئے مختص کر دیا جس کی نظیر ہندوپاک میں نہیں مل سکتی۔ اہل حیدرآباد اور علم و ادب کے شیدائی اس خانوادہ کے ممنون احسان ہیں اور رہیں گے کہ اس میوزیم میں علم و ادب کی نادر گرانقدر نایاب کتابوں کا عظیم ذخیرہ آغا صاحب کی تنہا کوششوں اور اُن کے ادبی ذوق و شوق کا بے مثال نمائندہ ہے۔ اس کے علاوہ (۳۸) قلمی مخطوطات تشنگانِ علم اور ان کے ذوق تحقیق کو مہمیز کرنے کے لئے صحیح و سالم حالت میں ہیں۔ مزید برآں اس میوزیم میں ان مغلیہ دور حکومت کی یادگاروں اور نایاب قدیم ترین ورثہ کو زمانہ کی دست برد سے محفوظ کیا گیا ہے جو ایک باذوق شخصیت کا عظیم ترین کارنامہ ہے جس پر موجودہ اور آنے والی نسلیں فخر کرتی رہیں گی اور ہر وہ شخص اپنی خوش نصیبی پر ناز کرتا رہے گا جس نے اپنی آنکھوں سے اس نادر میوزیم کو دیکھا۔

محترم سامعین۔ آغا صاحب اردو ادب کی وہ باکمال شخصیت ہیں جن کا نسبی تعلق شاہانِ مغلیہ سے ہے۔ آغا صاحب مغلیہ حکومت کی بیگماتی زبان پر غیر معمولی قدرت رکھتے تھے۔ آغا صاحب کا ایک ایک مضمون، ایک ایک سطر، الفاظ کا دروبست اردو ادب کی تمام اصناف کا مجموعہ ہے۔ مشاہدہ کی گہرائی و گیرائی، جوہر شناسی اور وضعداری میں وہ اپنی نظیر آپ تھے۔ بقول میر پھرتا ہے فلک برسوں تب خاک کے پردے سے ایسا ہمہ صفت انسان پیدا ہوتا ہے۔

آغا صاحب کی پہلی مطبوعہ پندرہ انشائیوں پر مشتمل کتاب "پس پردہ" کے عنوان اور مضامین کی معنویت کے علاوہ بیگماتی زبان کی طرز خاص میں ۱۹۳۶ء میں شائع ہوئی جسے

قبول عام کی سند حاصل ہوئی۔ آغا صاحب کا دوسرا مضامین کا مجموعہ جسے محترمہ مہر النساء بیگم و محترم میر معظم حسین نے مرتب فرمایا، ندرت بیان (۴۱) مضامین پر مشتمل ہے جو اُردو ادب کی مختلف اصناف کی نمائندگی کرتی ہے اور یہ ثبوت بہم پہنچاتی ہے کہ آغا صاحب صاحب طرز ادیب ہیں۔ ندرت بیان کے مشمولات میں شخصیات پر (۷) مضامین (۱۹) تحقیقی مضامین و تبصرے، چھ سفر نامے، ایک ڈرامہ اور بچوں کے لئے دو کہانیاں ہیں۔ "حیدرآباد کی سیر "(۳۷) مضامین پر مشتمل ہے جس کے مطالعہ سے گزشتہ حیدرآباد کا جغرافیہ اور حیدرآباد کی تہذیبی اقدار جو اب معدوم ہو چلی ہیں ان کی متحرک تصویریں آغا صاحب کے مشاہدہ اور فنون لطیفہ سے ان کی غیر معمولی واقفیت و دلچسپی کی مظہر ہیں۔ دکنی لغت و تذکرہ دکنی مخطوطات میں (۳۸) قلمی قدیم دکنی زبان کے مخطوطات کا تذکرہ ہے جو اس میوزیم میں محفوظ ہیں۔ محترمہ مہر النساء بیگم اور محترم میر معظم حسین اور ان کے فرزند دلبند پروفیسر اصغر حسین تیمور نے اس ریسرچ سنٹر سے استفادہ کی اجازت اہل ذوق کو دے رکھی ہے۔

محترم سامعین۔ پروفیسر آغا حیدر حسن مرزا کی شخصیت اور فن پر سمینار کی ضرورت کا احساس سب سے پہلے ڈاکٹر زینت ساجدہ صاحبہ نے دلایا تھا جو چند ناگزیر وجوہات کی بناء پر زینت آپا کی عین حیات میں نہ ہو سکا لیکن پروفیسر اصغر حسین تیمور جو زینت آپا کے شاگرد رشید ہیں اور جنہیں زینت آپا کی بے پناہ محبت نصیب ہوئی ہے، انہوں نے زینت آپا کے اس خواب کو آج حقیقت بنا دیا ہے اور آج کا یہ سمینار جس کا موضوع پروفیسر آغا حیدر حسن مرزا شخصیت و فن ہے اس ریسرچ و کلچرل سنٹر کا پہلا سمینار ہے۔ سامعین کرام۔ آپ تمام کو یہ سن کر مسرت ہو گی کہ پروفیسر اصغر حسین تیمور جو پیرس یونیورسٹی سے وابستہ ہیں وہ ۹/ اگست ۲۰۰۹ء کو حیدرآباد آئے اور انھوں

نے ایک ہی ہفتہ میں اس سمینار کے تمام انتظامات اپنی کاوشوں سے سرانجام دیئے۔ اس پہلے سمینار میں صرف حیدرآباد سنٹرل یونیورسٹی کے قابل احترام پروفیسرز اور ریسرچ اسکالرز کو مدعو کیا گیا ہے جو آغا صاحب کی تصانیف پر مقالے پیش کر رہے ہیں۔ انشاء اللہ تعالی مستقبل قریب میں بین جامعاتی سمینارز منعقد کئے جائیں گے۔ اس سمینار کا بنیادی اور اہم مقصد یہی ہے کہ اردو ادب کے ذوق و شوق کو نئی نسل میں پروان چڑھایا جائے اور ہماری مادری زبان جس مشکل آزما مرحلوں سے گزر رہی ہے اس کی حفاظت اور اشاعت کے لئے اہل ذوق کے دلوں میں وہ چراغ روشن کئے جائیں جو ہماری پہچان، ہماری تہذیب و ثقافت کا اُجالا آنے والی نسلوں تک بطور امانت پہنچائیں۔ میں آپ تمام کا دلی خیر مقدم کرتے ہوئے بالخصوص مقالہ نگاروں کی خدمت میں ہدیۂ تحسین و تشکر پیش کرتا ہوں کہ انہوں نے ہماری درخواست پر صرف اور صرف ایک ہفتہ کے مختصر وقت میں گرانقدر مقالے تحریر کیے ہیں پروفیسر رحمت یوسف زئی نے اپنی بے پناہ مصروفیات کے باوجود ان مقالوں کو دیکھا اور مقالہ نگاروں کو اپنے مشوروں سے نوازا جس کے لئے میں بطور خاص ممنون ہوں۔ سمینار کے اجلاس اول کا آغاز محترم المقام میر معظم حسین کی اجازت سے شروع ہو رہا ہے۔ میں تمام مقالہ نگاروں سے بصد ادب گزارش کرونگا کہ وہ تنگیِ وقت کی وجہ سے اپنے طویل مقالہ جات کے اہم ترین اقتباسات دس تا پندرہ منٹ میں پیش فرمائیں تو احسن ہو گا۔

خطبۂ استقبالیہ

میر معظم حسین

معزز حاضرین سمینار! میں اپنی اہلیہ بیگم مہر النساء حسین کی طرف سے، اپنی طرف سے، آغا صاحب کے صاحبزادے آغا سر تاج حسن، ان کے بچے اور تمام افراد خاندان کی طرف سے آپ سب کا نہایت گرم جوشی سے استقبال کرتا ہوں۔ آپ تمام کی اس سمینار میں شرکت سے ہم سب کو بے حد مسرت ہوئی۔ میں نے لیبیا میں 10 سال رئیس یونیسکو کی حیثیت سے کام کیا۔ وہاں کا ایک طریقہ تھا جو مجھے بہت پسند تھا۔ جب کوئی مہمان گھر پر آتا تو صاحبِ خانہ یا میزبان نہایت گرم جوشی سے آگے بڑھ کے کہتے "اہلاً و سہلاً قدم مبارک"۔ میں آپ تمام حاضرین کو، میرے تمام افرادِ خاندان کی طرف سے اور اپنی طرف سے کہتا ہوں "قدم مبارک"۔ آپ کا قدم مبارک ہو اس میوزیم کے لئے اور اس کلچرل سنٹر کے لئے۔ آغا صاحب کے متعلق آپ کے افکار، خیالات، انٹرپریٹیشنس ہم بے حد اشتیاق سے سننا چاہتے ہیں۔

اس گھر یعنی حیدر منزل کے متعلق میں چند جملے کہنا چاہتا ہوں۔ یہ کوئی محل نہیں ہے، یہ کوئی قصر نہیں ہے، پیالیس نہیں ہے، یہ معمولی دو منزلہ گھر ہے اور اسی گھر میں آغا صاحب تشریف رکھتے تھے۔ یہ چھوٹا سا گھر تھا لیکن دنیا کے اور ہندوستان کے ہر کونے سے وہاں لوگ چلے آتے تھے۔ اُس گھر کو دیکھنے کے لیے نہیں بلکہ اس گھر کے رہنے والے کو دیکھنے کے لیے۔ کیوں کہ آغا صاحب ایک غیر معمولی شخصیت کے حامل تھے۔

ایسے انسان ہزاروں، لاکھوں، کروڑوں میں پیدا ہوتے ہیں۔ اُن کے گھر پر میں نے جواہر لال نہرو' سروجنی نائیڈو اور ان کی لڑکیوں پدمجا اور لیلا منی کو دیکھا۔ صلابت جاہ کسی بھی وقت تشریف لاتے تھے، سالار جنگ چلے آتے تھے، مہاراجہ کرشن پرشاد چلے آتے تھے۔ میں نے اس گھر میں نواب صاحب چھتاری کو دیکھا' غلام محمد کو دیکھا جو بعد میں پاکستان کے گورنر جنرل ہوئے۔ یہ سب آغا صاحب کے گرویدہ تھے۔ ملاقات کا کوئی وقت مقرر نہیں تھا، صرف اُن سے ملنے کے لئے سب چلے آتے تھے۔ پروفیسرس چلے آتے تھے، دوست چلے آتے تھے، علی گڑھ سے، عثمانیہ سے، نظام کالج سے، ہر سمت سے اور سب سے زیادہ اُن کے شاگرد۔ شاگردوں کا صبح سے شام تک تانتا بندھا رہتا تھا۔ ہر ایک کے ساتھ وہ اِس طرح سے ملتے تھے جیسے امرائے عظام سے ملا کرتے ہیں۔ یہاں خواجہ حسن نظامی تشریف لاتے تھے۔ وہ جب کبھی آغا صاحب اور ان کے لباس کو جو بہت رنگین وخاص ہوتا تھا، دیکھ کر کہتے تھے

ہر رنگے کہ خواہی جامہ می پوش
من زانداز قدرت رامی شناسم

یہاں پر میں نے فانی کو دیکھا ہے، جوشؔ کو، جگرؔ کو، مخدومؔ کو، کن کن کا میں یہاں ذکر کروں۔ فرحت اللہ بیگ چلے آتے تھے، فصاحت جنگ چلے آتے تھے۔ ہندوستان کے بعض مشہور لوگ اور سفراء جو دلی سے آتے تھے، یہاں حیدرآباد میں وہ آغا صاحب سے آکر ضرور ملتے تھے۔ اس گھر کے ورانڈے میں ایک تخت تھا جس پر سب مہمان بے تکلفی سے آکر بیٹھ جاتے تھے۔ اعظم جاہ بہادر اور مکرم جاہ آتے اور بازو بیٹھ جاتے۔ اسی طرح شاگرد آتے، دوست آتے، بیٹھ جاتے۔ بہرحال دوستوں کی کمی نہیں تھی۔ اس لئے کہ سب ان کی شخصیت سے، ان کے علم سے، ان کی محبت سے متاثر تھے۔

حال ہی میں میں نے اخبارات میں دیکھا ہے کہ عبدالرحمن چغتائی کی کتاب مرقع چغتائی کی اشاعت ہوئی ہے۔ عبدالرحمن چغتائی آغا صاحب کے پاس گھنٹوں گزارتے اور آغا صاحب سے اپنی کتاب کی اشاعت کے متعلق مشورہ کرتے تھے، اپنی تصاویر دکھاتے تھے اور آغا صاحب سے مشورہ کرنے کے بعد اپنا اگلا کام شروع کرتے تھے۔ پروفیسر زینت ساجدہ کو آغا صاحب سے بہت عقیدت تھی اور آغا صاحب بھی ان کو بہت چاہتے اور بڑی محبت سے ملتے تھے۔ آغا صاحب نے انہیں پڑھایا۔ اُردو اور دکنی سے تعارف کروایا۔ آغا صاحب نے ان کی تعلیم اور تربیت پر خاص توجہ دی۔ زینت ساجدہ نے اُردو اور دکنی پر ایسا عبور حاصل کیا جو قابل تعریف ہے۔ ان کو ہم کبھی بھول نہیں سکتے۔

جب میں 1930ء میں مدرسہ عالیہ ہائی اسکول کا طالب علم تھا تو آغا صاحب اُس زمانہ میں وہاں پڑھایا کرتے تھے۔ مدرسہ عالیہ کو سر سالار جنگ مختار الملک نے قائم کیا تھا۔ ابھی چند ماہ قبل مدرسہ عالیہ اور نظام کالج کا 120 واں سالانہ جشن منایا گیا۔ میں نے اس جلسہ میں مدرسہ عالیہ اور نظام کالج کے متعلق تاریخی تفصیلات اپنی تقریر میں پیش کیں کیونکہ ان دونوں مقامات اور جائیداد کا تعلق میرے دادا نواب فخر الملک سے تھا اور یہ ان کی ذاتی ملکیت تھے۔

میرے دادا نواب فخر الملک دوم، فخر الملک اول کے بیٹے تھے۔ وہ مختار الملک کے خسر تھے۔ ان کے دو صاحبزادے تھے، حسن علی خاں اور میر سرفراز حسین اور تین صاحبزادیاں تھیں۔ ان کی بڑی صاحبزادی عزیز النساء بیگم کی شادی مختار الملک سے ہوئی تھی۔ سر سالار جنگ کو (The Maker of Modern Hyderabad) بھی کہا جاتا ہے جو حیدر آباد کے 30 سال تک ریجنٹ رہے ہیں۔ جب فخر الملک اول کا انتقال ہوا تو یہ دونوں بچے کمسن تھے۔ ان کی پرورش ان کے بہنوئی سر سالار جنگ نے کی۔ ان کی تعلیم کا

انتظام کیا اور جب یہ بڑے ہوئے اور سن بلوغ کو پہنچے تو انہوں نے فخر الملک یعنی اپنے خسر کی جاگیر اور جائداد کو ان دونوں میں تقسیم کیا۔ اسد باغ جو آج نظام کالج کہلایا جاتا ہے وہ نواب فخر الملک دوم کے حصہ میں آیا۔ وہیں ان کی اولاد کی پیدائش ہوئی اور یہیں سے میرے والد اور ان کے 3 بھائی تعلیم کے لئے انگلستان گئے اور وہاں ایٹن کالج میں شریک ہوئے۔ ایٹن کالج میں ان کی ملاقات ماونٹ بیٹن سے ہوئی اور ان کے ساتھ کوئین وکٹوریہ سے بھی ویزر پیالیس میں ملاقات ہوئی۔ آپ پوچھیں گے کہ کیا ملکہ کو اردو سے دلچسپی تھی۔ آپ کو یہ سن کر تعجب ہوگا کہ ملکہ وکٹوریہ نے کہا "ہم بھی اُردو بولتا ہے"۔

جب وہ انگلستان سے واپس آئے تب اسی گھر میں میرے دادا اور میرے چچاؤں کو طباطبائی، شبلی نعمانی اور آغا شوستری جیسی شخصیتوں نے اردو اور فارسی پڑھائی۔ میرے دادا کے اسی گھر میں مدرسہ عالیہ اور نظام کالج قائم ہوا اور میں نے یہیں سے اپنی ابتدائی تعلیم (یعنی کنڈر گارڈن) شروع کی۔ بعد میں یہیں سے یعنی نظام کالج سے اعلیٰ تعلیم حاصل کی۔ اس کے بعد محبوب علی پاشاہ کو میرے دادا نے اسد باغ نذر کیا کیونکہ امرائے عظام کا طریقہ تھا کہ جب بادشاہ ان کی کسی چیز کی تعریف کرتے تھے تو وہ انہیں ازراہ عقیدت نذر کر دیتے تھے۔ محبوب علی پاشاہ کی زیر نگرانی فتح میدان میں پریڈ ہوا کرتی تھی۔ اس پریڈ کو دیکھنے کے لئے کافی ہجوم ہوا کرتا تھا لیکن ان کے محل مبارک کے لئے کوئی انتظام نہیں تھا۔ تب بادشاہ کی نظر اسد باغ پر پڑی جہاں سے محل مبارک کو اطمینان سے پریڈ دکھائی دے سکتی تھی۔ لیکن جب ہمارے دادا نے انہیں اسد باغ نذر کیا تو اس کو محبوب علی پاشاہ نے تعلیمی ادارے میں تبدیل کر دیا اور وہاں نظام کالج قائم ہوا۔

اسی کالج کے مشہور پروفیسر آغا حیدر حسن مرزا تھے۔ میری ساری زندگی پر جن اساتذہ کی تعلیم و تربیت کا اثر رہا ان میں آغا صاحب کا مقام نمایاں ہے۔ میں آغا صاحب

اور ان کی صاحبزادی مہر النساء بیگم سے بہت متاثر تھا۔ بعد میں ان ہی سے میری شادی ہوئی اور اللہ رب العالمین نے ہمیں تین لڑکوں اور دو لڑکیوں سے نوازا۔

پروفیسر آغا حیدر حسن کا شمار حیدر آباد کی مشہور ہستیوں میں ہوتا تھا۔ ہر کوئی چاہے امیر ہو کہ غریب، سب ان کے گرویدہ تھے۔ میں کبھی بھول نہیں سکتا کہ آغا صاحب مجھے بہت چاہتے تھے۔ میں ان کی محبت کے ساتھ ان کے اخلاق اور قابلیت سے بہت متاثر تھا۔

آغا صاحب کی یہ خواہش تھی کہ ان کے مضامین کو شائع کیا جائے۔ انہوں نے کئی مرتبہ مجھ سے اس تعلق سے ذکر کیا۔ لیکن ان کی مصروفیات ایسی تھیں کہ انہیں وقت نہیں ملتا تھا۔ دوسرے ان کا طریقہ یہ تھا کہ وہ اپنے مضامین چلتے پھرتے، اٹھتے بیٹھتے، کاغذ کے پرزوں پر لکھ لیا کرتے تھے۔

غالبؔ پر ان کا مشہور مضمون ہے جو مجھے آج بھی یاد ہے۔ میں موٹر چلا رہا تھا۔ آغا صاحب موٹر میں بیٹھے ریڈیو اسٹیشن جا رہے تھے اور اس مضمون کا آخری حصہ لکھتے جا رہے تھے۔ وہ ایسے غیر معمولی ذہین تھے کہ لوگوں سے ملتے تھے، باتیں کرتے تھے امراء سے، شاگردوں سے، دوستوں سے اور ساتھ ساتھ لکھتے جاتے تھے۔ ذہن اتنا تیز تھا کہ جو کتاب پڑھ لیتے تھے، وہ کتاب ان کو ہمیشہ یاد ہو جاتی۔ جس طرح غالب نے ایک کتاب دیکھ لی ان کو یاد ہو جاتی اسی طرح آغا صاحب کا بھی حال تھا۔ انگریزی ہو یا اُردو، اُردو میں تو خیر مہارت تھی ہی کیوں کہ یہ تو ان کے گھر کی زبان تھی، انگریزی پر بھی ان کو کافی عبور تھا۔

جب میں لیبیا میں چیف آف یونیسکو مشن تھا، وہ ہمارے یہاں تشریف لائے۔ وہاں کی حکومت نے ان کی بڑی خاطر کی۔ سب انھیں شیخ کہتے تھے اور شیخ کہہ کر ان کو مخاطب

کرتے تھے۔ جب میں افغانستان میں رئیس یونیسکو کی حیثیت سے کارگذار تھا تو وہاں کی معزز شخصیتیں آغا صاحب سے گفتگو کر کے بے حد متاثر ہوتی تھیں۔ کیونکہ آغا صاحب نہ صرف علمی معلومات سے مرصع تھے بلکہ ان کا خاندانی تعلق افغانستان اور اطراف کے علاقے سے تھا۔ افغانستان میں آغا صاحب کو تمام وزراء یور ہائی نس سے مخاطب کرتے تھے۔ آغا صاحب کو جتنی عزت حیدرآباد میں ملتی تھی اتنی ہی ہندوستان اور ہندوستان کے باہر ملتی تھی۔

ان کی طبیعت میں مزاح بھی بہت تھا۔ مجھے ایک سمینار میں شرکت کے لئے مزار شریف جانا تھا۔ آغا صاحب میرے ساتھ مزار شریف جانا چاہتے تھے۔ میں نے ان کو ساتھ لے جانے سے انکار کیا کیوں کہ چند ماہ قبل جرمنی میں انھیں دل کا سخت دورہ پڑا تھا اور ڈاکٹروں نے اونچے مقامات پر جانے یا وہاں رہائش کی ممانعت کی تھی۔ مزار شریف جانے کے لئے ہندوکش پہاڑ سے گزرنا پڑتا ہے جو 12 تا 13 ہزار فٹ اونچا ہے۔ سمینار میں میرے ساتھ دوسری موٹروں میں افغان آفیسرس جا رہے تھے۔ اچانک کیا دیکھتا ہوں کہ میری اطلاع کے بغیر آغا صاحب ایک موٹر میں بیٹھے ہوئے ہیں۔ میں نے کہا آپ یہاں کیا کر رہے ہیں۔ انہوں نے کہا میں تمہارے ساتھ چل رہا ہوں۔ میں نے کہا کہ آپ کو معلوم ہے کہ یہ آپ کے لئے بالکل مناسب نہیں ہے۔ 12 تا 13 ہزار فٹ کی بلندی پر چڑھنا ہے۔ انہوں نے اب ضد شروع کی اور کہا کہ میں دیکھتا ہوں کہ اس موٹر سے مجھے کون اُتارتا ہے۔ سب افغان افسر کھڑے سن رہے تھے۔ میری بیوی نے اشارہ کر کے کہا کہ رہنے دو۔ وہ آ کر میرے ساتھ بیٹھ گئے۔ ہم 12 ہزار فٹ کی اونچائی پر پہنچے۔ میں آغا صاحب کی صحت کے بارے میں سوچ کر بہت پریشان تھا کہ پیچھے سے ایک دردناک آواز آئی، بہت ہی دردناک۔ میں نے موٹر روکی اور نیچے اتر کر پیچھے پہونچا تو آغا

صاحب نے مجھے دیکھ کر قہقہہ لگانا شروع کیا اور بولے کیوں میاں تم نے کیا سمجھا تھا۔ دیکھو مجھے تو 12 ہزار فٹ پر کچھ بھی نہیں ہوا۔ چلو مزار شریف۔ وہاں پہنچے تو گورنر نے ان کی بڑی عزت اور خاطر مدارات کی۔ مزار شریف سے ہماری واپسی اسی راستہ سے ہوئی۔ بہر حال کابل پہنچے اور وہاں سے دہلی واپس ہوئے۔ اس زمانے میں فخر الدین علی احمد پریسیڈنٹ آف انڈیا تھے، انہوں نے بڑی خاطر کی۔ حسن نظامی ثانی نے بھی بڑی خاطر کی۔ دہلی میں آل انڈیا ریڈیو پر ان کا آخری انٹرویو ہوا۔ آغا صاحب کے گھر پر جو میوزیم قائم ہوا ہے وہاں یہ تصویریں موجود ہیں۔ انھوں نے خواجہ حسن نظامی کو حیدرآباد آنے کی دعوت دی تھی اور ان سے کہا تھا کہ ہمارا رشتہ ابتداً آپ کے والد سے تھا اور جس کی انتہا آپ ہیں۔ آپ سے چند دن بعد حیدرآباد میں ملاقات ہوگی۔ نہایت افسوس سے کہنا پڑتا ہے کہ حیدرآباد پہنچنے کے ایک ہفتہ بعد یعنی جمعہ ۵/ نومبر ۱۹۷۶ء کو ان کا انتقال ہو گیا۔ اتفاق سے خواجہ حسن نظامی اور کہیں جارہے تھے کہ اُسی دن اچانک پہنچے اور آغا صاحب کی تدفین میں شریک ہوئے۔ آغا صاحب کو خطۂ صالحین میں دفن کیا گیا اور خواجہ حسن نظامی صاحب نے فاتحہ خوانی کی۔

جب میں کابل سے یہاں پہنچا تو تدفین ہو چکی تھی۔ بہت دردناک موقع تھا ہماری زندگی کا اور میں جانتا ہوں کس تکلیف سے اس وقت میری بیوی نے اس صدمے کو برداشت کیا ہو گا۔ میری زندگی میں کئی ایسے موقعے آئے ہیں جہاں اہم فیصلہ لینا پڑتا ہے۔ کئی بار مجھے بہت اہم فیصلے لینے پڑے۔ میں نے اس موقع پر ایک فیصلہ کیا کہ اب یونیسکو کی نوکری ختم کردوں گا اور اپنی ساری زندگی آغا حیدر حسن مرزا صاحب کے لئے وقف کردوں گا تاکہ ان کے مضامین، ان کی کتابیں، ان کے نوادرات، ان کی شخصیت، یہ سب چیزیں ساری دنیا کے سامنے پیش کی جاسکیں۔ میں نے یونیسکو کے ڈائرکٹر جنرل کو

اطلاع دی اور افغانستان کی حکومت سے کہہ دیا کہ میں یونیسکو کی خدمت ختم کرنا چاہتا ہوں اور اب حیدرآباد میں ایک میوزیم پروفیسر آغا حیدر حسن مرزا کے نام سے قائم کرنے کے لئے جدوجہد کروں گا۔

میں ایک بات کہنا چاہتا ہوں کہ جب میں لیبیا میں 10 سال رئیس یونیسکو کی حیثیت سے کام ختم کر کے جا رہا تھا تو وہاں کے بادشاہ ملک ادریس سنوسی تھے۔ وہ مجھ سے واقف تھے۔ ان سے رخصت لینے کے لئے میں قصر خلد گیا۔ میں نے ابتداء میں ذکر کیا ہے کہ جو گھر پر آتا تھا اسے قدم مبارک کہتے تھے۔ جب میں وہاں گیا تو بادشاہ نے میرا استقبال کیا اور میری تمام کارگذاری اور خدمات کے متعلق انہوں نے ایک جملہ کہا "وجود سید حسین تفخر لیبیا"۔ میں یہ سن کر بہت خوش ہوا اور ان کا شکریہ ادا کیا۔ اب میں سونچتا ہوں کہ بادشاہ کے الفاظ جو انھوں نے میرے متعلق استعمال کئے ان سے زیادہ مجھے اس بات کا فخر ہے کہ آغا حیدر حسن میوزیم کے قائم کرنے میں میرے دو بچے ڈاکٹر اصغر حسین اور بیگم سلطانہ حسن نے ہر قدم پر میرا ساتھ دیا۔ اگر اصغر اور سلطانہ کا تعاون نہ ہوتا تو میں یہ میوزیم قائم نہیں کر سکتا تھا۔ میں چاہتا تھا کہ اس میوزیم کے ذریعہ آغا صاحب کے کتابوں کی اشاعت ہو، یہاں سمینارز ہوں، جلسے ہوں، علمی و ثقافتی مباحثے ہوں۔ اس کے لئے اصغر اور سلطانہ نے میرا پوری طرح سے ساتھ دیا۔ یوں تو میرے تمام بچوں اور بیوی کا تعاون رہا اور آغا سر تاج حسن نے بھی بھرپور تعاون کیا لیکن ان دونوں کی انتھک محنت پر میں فخر کرتا ہوں۔ اس میوزیم میں پوری لائبریری کو ترتیب دینے میں اصغر کا اہم حصہ رہا۔ اس میوزیم میں نوادرات، لباس، آغا صاحب کی شیروانیاں، درباری لباس، راجپوتوں کا، مغلوں کا لباس وغیرہ کی ترتیب سلطانہ نے کی۔ میں ان دونوں کے لیے دعا گو ہوں۔

اس میوزیم سے اور اس کلچرل سنٹر سے جن کتابوں کی اشاعت ہوئی ہے وہ یہاں

موجود ہیں۔ مجھے بہت کاوش اور محنت کے ساتھ ان کتابوں کا مواد جمع کرنا پڑا۔ ان کے ابتدائی مضامین ترتیب دینے کے بعد پہلی کتاب کا نام ہم نے ندرت زبان رکھا اور اس کی اشاعت ہوئی۔ مجھے افسوس ہے کہ اس کتاب میں بہت ساری غلطیاں در آئیں۔ اس کتاب کے دوسرے ایڈیشن کے لئے ڈاکٹر اصغر حسین نے پروفیسر غنی نعیم صاحب کی مدد لی۔ میں ان سے واقف نہیں تھا لیکن جب انہوں نے اس کام کو اپنے ذمہ لیا اور جس طرح محنت کی اس کی وجہ سے ہر جگہ اس کتاب کی بے حد تعریف ہوئی۔ میں اور میرے تمام افراد خاندان غنی صاحب کا شکریہ ادا کرتے ہیں۔ اس کتاب کی اشاعت میں بھی غنی صاحب نے بڑی محنت کی۔ محمد منہاج الدین فیصل سے کمپوزنگ میں مدد لی گئی۔ دوسری کتاب پس پردہ ابتداء میں علی گڑھ سے چھپی تھی۔ اس کے بعد جسٹس شرف الدین جو میرے بہت اچھے دوست تھے ان کی مدد سے ہم نے اس کا دوسرا ایڈیشن نکالا۔ اس کے علاوہ آغا صاحب کے نام صلابت جاہ بہادر کے کئی خطوط تھے۔ میری ملاقات صلابت جاہ سے جلسے اور جشنوں میں ہوا کرتی تھی لیکن آغا صاحب اور میری بیوی ان سے بہت اچھی طرح واقف تھے۔ چنانچہ میری بیوی نے مجھے تمام پس منظر دیا۔ صلابت جاہ اور اپنے والد کی دوستی کے بہت سے واقعات بتلائے جن سے صلابت جاہ کے خطوط آغا صاحب کے نام شائع کرنے میں مدد ملی۔ یہ کتاب میری بیوی کے نام ہے۔ جس کا نام ناشاد آصفی ہے۔ اس کے بعد ایک اور کتاب شائع کی گئی جس کا نام حیدرآباد کی سیر ہے۔ اس میں آغا صاحب کے مضامین، حیدرآباد شہر کے متعلق تاریخی اور دوسرے واقعات اور معلومات موجود ہیں۔

آخری کتاب "دکنی لغت و تذکرہ دکنی مخطوطات" ہے جس کے لئے آغا صاحب کہتے تھے کہ میں نے اس دکنی لغت کے لئے 40 سال کام کیا ہے۔ اس کی اشاعت کے لیے

ڈاکٹر جعفر نظام نے بڑی مدد کی جو میرے اچھے دوست تھے۔ وہ اس زمانہ میں ادارہ ادبیات اردو کے صدر تھے۔ انہوں نے میرا بہت ساتھ دیا۔ پروفیسر مغنی تبسم کی نگرانی میں اس کتاب کی اشاعت ہوئی۔ بہر حال یہ سب کچھ ہوا اور بہت سے کام باقی ہیں۔ اس سلسلہ میں آپ کو یہ بھی میں بتانا چاہتا ہوں کہ اس میوزیم کا ایک کیٹ لاگ تیار ہو رہا ہے۔ ڈاکٹر ماری سیریو بہت ہی مشہور ہستی ہیں اور ایک مشہور فرنچ میوزیم کے کنسلٹنٹ ہیں۔ انھیں اس میوزیم سے بڑی دلچسپی ہے۔ وہ ہمارے مشورہ سے اس کا کیاٹ لاگ تیار کر رہے ہیں۔ چنانچہ اس میوزیم کا کیاٹ لاگ بھی انشاءاللہ جلد ہی شائع ہو گا۔

یہ سمینار پہلا مرحلہ ہے اور اس کی بہت اہمیت ہے کیونکہ اس کے بعد اور بھی سمینارز ہوں گے، آئندہ بھی اجلاس اور مباحثے ہوں گے جن سے آغا صاحب کے تعلق سے ہمارے مقاصد پورے ہوں گے۔ میں ہمیشہ اپنے سامنے ایک جملہ ہمیشہ رکھتا ہوں جو سیسیل رونلڈ نے کہا

So little done so much to do

ابھی ہم کو بہت کام کرنا ہے اور اس ضمن میں آپ کے تعاون کی ہم کو ضرورت ہے۔ میں اس شعر پر اپنی بات ختم کرتا ہوں۔

ابھی عشق کے امتحاں اور بھی ہیں
ستاروں کے آگے جہاں اور بھی ہیں

(۱) گذشتہ حیدر آباد

ڈاکٹر شارب ردولوی

حیدر آباد، دہلی اور لکھنو کے ساتھ ہندوستان کے تین ادبی و تہذیبی مراکز میں سے ایک ہے۔ دہلی، لکھنو اور حیدر آباد اپنی جغرافیائی یا بلدیاتی حد بندیوں میں شہر ضرور ہیں لیکن جہاں تک علم و ادب اور تہذیب و ثقافت کا تعلق ہے ان کی حدیں ریاست کے ایک سرے سے دوسرے سرے تک پھیلی ہوئی تھیں۔ دہلی قدیم تہذیبی و لسانی اعتبار سے پنجاب (موجودہ ہریانہ) و مغربی یوپی کے ایک بڑے حصے کا احاطہ کر لیتا تھا۔ لکھنو، ممالک متحدہ آگرہ و اودھ اور حیدر آباد، ریاست حیدر آباد فرخندہ بنیاد کی حدوں تک پھیلا ہوا تھا۔ اس لیے جب ان شہروں کے نام آتے ہیں تو ذہنوں میں شہروں کے بجائے وہ قدریں آتی ہیں جنھوں نے سینکڑوں سال کے جدلیاتی عمل سے ایک نفیس اور دلکش تہذیب و ثقافت کو جنم دیا ہے۔

اودھ کی تاریخ و تہذیب پر عبد الحلیم شررؔ کی کتاب "گذشتہ لکھنو" شرر کے مختلف مضامین کا مجموعہ ہے جو "مضامین شرر، ہندوستان میں مشرقی تمدن کا آخری نمونہ یعنی گذشتہ لکھنو" کے نام سے پہلی بار ۱۹۲۶ء میں سید مبارک علی شاہ جیلانی پریس لاہور سے شائع ہوا۔ یہ کسی شہر کی داستان نہیں بلکہ اودھ کی تہذیبی تاریخ ہے جو اس عہد کی تہہ در تہہ تہذیب کے دروازے وا کرتی ہے۔ اسی طرح آغا حیدر حسن مرزا کے مضامین "حیدر آباد کی سیر" "میری نگاہ میں "گذشتہ حیدر آباد" کی حیثیت رکھتے ہیں جن کی دکن کی

تہذیب و ثقافت کے مطالعہ کے سلسلے میں وہی اہمیت ہے جو اودھ کی تہذیب و ثقافت کے سلسلے میں گذشتہ لکھنو کی ہے۔ حیدرآباد کی سیر، دکن کی ایک ایسی تہذیبی تاریخ ہے جس کے بغیر دکن کی تہذیب و ثقافت کو پوری طرح سمجھنا مشکل ہے۔ حیدرآباد کی سیر میں جو تہذیبی نقوش ملتے ہیں وہ نہ دکن کے شاہوں کی تاریخ میں نظر آتے ہیں نہ وہاں کی ادبی تاریخ میں۔ عام تاریخ اور تہذیبی تاریخ میں یہی فرق ہے کہ کسی عہد کی تاریخ صرف سنین، واقعات اور فتوحات تک محدود ہوتی ہے لیکن تہذیبی تاریخ کا احاطہ بہت وسیع ہے۔ اس میں انسانی جذبات، ادبی و لسانی رویئے، عمارتیں، باغات، رہن سہن، رسم و رواج اور زندگی کی تمام قدریں متحرک دکھائی دیتی ہیں۔ حیدرآباد کی سیر یا گذشتہ حیدرآباد میں جو تہذیبی، ثقافتی اور لسانی نقوش ملتے ہیں وہ سالار جنگ میوزیم کے نوادرات سے کم بیش قیمت نہیں ہیں۔

آغا حیدر حسن مرزا کا ہندوستان کے دو بڑے تہذیبی مراکز سے تعلق تھا۔ وہ دہلی میں پیدا ہوئے اور حیدرآباد میں وفات پائی لیکن یہ کہانی اتنی مختصر بھی نہیں کہ دو جملوں میں آجائے۔ بڑی شخصیتوں کا مطالعہ ایک مشکل عمل ہے۔ یہ ایک کوہِ گراں کی طرح ہے کہ اگر اسے قریب سے دیکھیں تو نگاہیں چند چیزوں پر مرکوز ہو کر رہ جاتی ہیں اور اس کی پوری عظمت کا احاطہ نہیں کر پاتیں اور اگر دور سے دیکھیں تو کوہ کی بلندی اور وسعت تو نظر آتی ہے لیکن اس کی بنیادی خوبیوں اور خصوصیات تک نظر نہیں پہنچتی۔ یہی حال ادیب، تہذیبی مورخ، سیاح، شفیق استاد، لطیف احساس جمال کے حامل اور دانشور پروفیسر آغا حیدر حسن مرزا کا ہے جس کی متنوع شخصیت کا احاطہ کرنے کے لئے مخصوص نظر درکار ہے۔

آغا حیدر حسن مرزا ۱۴راگست ۱۸۹۲ء کو دہلی میں پیدا ہوئے۔ وہ دہلی جو اس وقت

"غسل لہو" سے نکل کر اپنی نئی شناخت بنانے کی کوشش میں تھی۔ یہ وہ زمانہ ہے جب دہلی غالبؔ سے خالی ہو چکی تھی لیکن ان کی منفرد فکر کی گونج موجود تھی اور سرسید مسلمانوں کے کھوئے ہوئے وقار کو واپس لانے کے لئے کوشاں تھے۔ پرانے حوالے ختم نہیں ہوئے تھے لیکن آنکھیں نئی روشنی کی چکا چوند کی عادی ہونے لگی تھیں۔ آغا حیدر حسن مرزا کا تعلق دہلی کے حکمراں خاندان سے تھا۔ وہ بہادر شاہ ظفر اور زینت محل کی بھانجی حسن زمانی بیگم کے بیٹے تھے۔ دہلی کی ٹکسالی زبان انہیں شیر مادر سے وراثت میں ملی تھی جس پر انہیں ہمیشہ ناز رہا۔ عورتوں کے محاورۂ زبان پر انہیں ایسی قدرت تھی کہ ندرتِ زبان کی ان کی بعض تحریروں پر شبہ بھی نہیں ہوتا کہ وہ کسی مرد کی تحریر ہے۔ "اردو محاورے" اور "دلی کی بیگمات" پڑھیے تو صرف زبان ہی کا لطف نہیں ہے، اس وقت کی نہ جانے کتنی چیزوں کا علم ہوتا ہے جو کسی کتاب میں درج نہیں ہیں۔ یہ زمانہ اُردو نثر کے فروغ کا زمانہ تھا۔ اس زمانے کے بیشتر بڑے نام اپنی نثر کی وجہ سے مشہور ہوئے۔ رتن ناتھ سرشار (۱۸۴۷-۱۹۰۲)، عبدالحلیم شرر (۱۸۶۰-۱۹۲۶)، خواجہ حسن نظامی (۱۸۷۹-۱۹۵۵)، پریم چند (۱۸۸۰-۱۹۳۶)، چودھری محمد علی ردولوی (۱۸۸۲-۱۹۵۹)، آغا حیدر حسن مرزا (۱۸۹۲-۱۹۷۶) کی شناخت آج بھی ان کی نثر سے ہی باقی ہے۔ ان مصنفین کی یہ خصوصیت ہے کہ ان کی تحریریں اپنے عہد کی تہذیبی تاریخ کا درجہ رکھتی ہیں۔

آج بدلے ہوئے حالات میں نہ اس طرح سے وہ شہر باقی رہ گئے ہیں نہ تہذیب۔ ان علاقوں کا جغرافیہ بھی بدل گیا ہے۔ رہن سہن اور تہذیب بھی وہ نہیں رہی۔ دہلی کی تہذیب کو تلاش کرنے جائیے تو پرانی دلی کی گلیوں میں کہیں کوئی مل جائے تو مل جائے ورنہ دنیا بھر کے لوگوں کا ایک ہجوم ہے۔ نہ وہ جمنا کا کنارہ، نہ وہ میلے، نہ وہ چاندنی چوک، نہ

شمسی تالاب، نہ امرائی اور نہ مہرولی۔۔۔یہی حال لکھنو کا ہے جس نے میر و سودا، انیس و دبیر، آتش و ناسخ کا زمانہ دیکھا تھا اور جس زبان کے لئے انیس نے کہا تھا اس احاطے سے جو باہر ہے وہ بیرونی ہے۔ وہ زبان خود ہی اب بیرونی ہوگئی ہے۔ حیدرآباد بھی اسی طرح بدل گیا۔ یہ ضرور ہے کہ وہاں ابھی بھی محفلوں اور جلسوں میں کچھ بزرگ شیروانی اور بلند کلاہ میں نظر آجاتے ہیں ورنہ سارا جغرافیہ بدل چکا ہے۔ آغا حیدر حسن مرزا کی یہ بہت بڑی دین ہے کہ انہوں نے اپنے مضامین میں اس تہذیب و ثقافت کو محفوظ کر دیا۔ اس لئے اب اگر کہیں اصل حیدرآباد ہے تو وہ ان کی کتاب حیدرآباد کی سیر اور ندرت زبان میں ہے۔ حیدرآباد کی تہذیبی اور لسانی انفرادیت کا احساس حیدرآباد کی سیر کے پہلے جملے سے ہی ہونے لگتا ہے جب مسافر ناملی پر ٹرین سے اترتا ہے۔ یہ ایک دلچسپ بات ہے کہ نام پلی، کسی اسٹیشن کا نام نہیں ہے۔ حیدرآباد کے اسٹیشن کو اس کے علاقے ناملی کے نام سے جانا جاتا ہے جس طرح لکھنو اسٹیشن چارباغ کے نام سے مشہور ہے۔ آغا حیدر حسن مرزا نے اس لطیف تہذیبی اور لسانی فرق کا احساس اس طرح دلایا ہے۔

"حمال! حمال! بھئی یہ حمال کیا ہے؟ قلی کو یہاں حمال کہتے ہیں۔۔۔۔۔۔۔۔۔۔۔ حمال نے سارا سامان ہوشیاری سے اتارا۔ ٹھیلے پر احتیاط سے لادنے چلا۔۔۔۔۔۔۔۔۔۔ باہر بنڈی والا آگیا۔ بیل ناگوری ہیں۔ ہوائی گاڑی سے شرط جیتتے ہیں۔۔۔ چھکڑے کو یہاں بنڈی کہتے ہیں۔۔۔۔۔۔۔۔۔۔ اٹھنی قلی کو دی اس نے جھک کر اور شگفتہ رو ہو کر تمیز سے آداب عرض کیا اور کہا۔ خداوند سامان دیکھ لیجئے۔ گاڑی میں بیٹھے تو چلانے والے نے عرض کیا۔ سرکار کہاں لے چلوں۔۔۔۔۔۔۔"

(حیدرآباد کی سیر صفحہ ۱۔۲)

یہاں قلی، حمال ہے، گاڑی والا بنڈی والا ہے۔ طریقۂ تخاطب پر نظر ڈالیے تو ادنیٰ

اور غیر تعلیم یافتہ شخص بھی سرکار، مالک، خداوند اور حضرت جیسے الفاظ سے مخاطب کرے گا۔ یہاں پہنچ کر ایسا محسوس ہوتا ہے جیسے کسی ایسے شہر میں آ گئے ہیں جہاں ہر شخص تعلیم یافتہ اور مہذب ہے۔ آغا حیدر حسن مرزا نے اپنے مخصوص انداز میں تہذیبی خصوصیات کا ذکر کیا ہے۔

حیدرآباد اپنی عمارات، محلوں اور اہم شخصیتوں کے لئے بھی مشہور رہا ہے جن کا ذکر آغا صاحب نے تفصیل کے ساتھ کیا ہے۔ ایسے موقعوں پر ان کی جزئیات نگاری دیکھنے سے تعلق رکھتی ہے۔ ان کی واقعہ نگاری کا کمال یہ ہے کہ قاری خود اس کا ایک حصہ بن جاتا ہے۔ حیدرآباد کی بعض عمارتوں کا بیان دیکھئے اور فن تعمیر کا لطف لیجئے۔

"---------- یہ لال رنگ کا ایسا اونچا دروازہ، دونوں طرف دو منزلہ بنگلیاں اوپر مرغولیں بنی، چھجلیاں نکلی کس کا ہے۔ کجلی بن کا ہاتھی، میگڈ سر سمیت نکل جائے۔ میگڈ سر کیا۔؟ نشان کا ہاتھی بغیر جھنڈا جھکے مزے سے گزر جائے۔ یہ دیوان کی ڈیوڑھی کا صدر دروازہ ہے۔ یہ جلو خانہ ہے---------- اس پھاٹک کے سامنے سیدھے ہاتھ کو سڑک کے اُس طرف ایک اور بڑی اونچی محراب تھی۔ یہ شاہی عاشور خانے کی کمان کہلاتی تھی۔ قطب شاہیوں کے زمانے کی تھی-----"

(حیدرآباد کی سیر صفحہ ۲۹)

آغا صاحب کے مضامین پڑھتے وقت بار بار محسوس ہوتا ہے کہ ہم تصاویر دیکھ رہے ہیں۔ حیدرآباد کی خوبصورتی اور تہذیبی انفرادیت اپنی جگہ پر، آغا حیدر حسن مرزا صاحب نے جس کمالِ فنکاری کے ساتھ اسے پیش کیا ہے اس نے اسے واقعی کسی ماہر مصور کا البم بنا دیا ہے اور اس کا ہر صفحہ ایسی تصویروں سے پُر ہے کہ

کرشمہ دامنِ دل می کشد کہ جا اینجاست

ان مضامین میں صرف ڈیوڑھیوں، شاہراہوں، باغات اور محلوں کی تصویریں ہی نہیں دکھائی گئی ہیں بلکہ ان کے ذریعہ آصف جاہی حکومت کی اہم خصوصیات، انتظامی صلاحیت، مساوات، ریاست کے کمزور طبقہ کی فلاح و بہبود، بے گھر لوگوں کی آبادکاری کا علم ہوتا ہے۔ غیر اخلاقی چیزوں پر پابندی تھی مثلاً حیدرآباد میں زنان بازاری یا طوائفوں کا داخلہ ممنوع تھا۔ یہاں تک کہ ناچنے گانے والیاں بھی وہاں نہیں تھیں۔ وہ صرف حکومت سے اجازت لے کر شہر میں داخل ہو سکتی تھیں لیکن ۶ ماہ سے زیادہ قیام نہیں کر سکتی تھیں اس کے علاوہ حیدرآباد شاید ملک کا پہلا شہر تھا جہاں شراب فروخت کرنے اور شراب پینے کی ممانعت تھی۔ شہر میں شراب کی کوئی دوکان نہیں تھی۔ شہر سے باہر دوکانیں تھیں جس کا نقشہ بڑے پُر لطف انداز میں آغا صاحب نے اس طرح کھینچا ہے۔

"یہ سفید روشنی کے ہنڈے جہاں روشن ہیں اور کوابوں کی خوشبو اور نمکین پکوانوں کی پراند جو آرہی ہے۔۔۔ مرد عورت تمیز سے ملے جلے بیٹھے اور آجا رہے ہیں۔ یہ دکن کے غریبوں کے سیندھی خانے ہیں۔ فرنگستان میں ہوتے تو" بار" نام پاتے۔ سیندھی، سندھولے کے درخت کا مد ہے۔۔۔۔۔۔۔۔ کھٹا، میٹھا، فرانسیسیوں کی شیمپئن کہیں شرماتی ہے تو یہیں۔۔۔۔۔۔۔۔۔ اشتہا آور بھی ہے اور نشہ آور بھی۔۔۔۔۔۔۔۔۔ شراب خانے اور جتنے برے خانے ہیں وہ قانوناً اندرونِ بلدہ ممنوع ہیں یہاں تک قدغن ہے کہ شہرپناہ کے اندر کوئی شراب کا شیشہ نہ لے جا سکے۔۔۔۔۔۔۔۔"

(حیدرآباد کی سیر صفحہ ۱۱)

حیدرآباد کی ریاست ایک مثالی فلاحی ریاست Welfare State تھی۔ یہ باتیں نہ اس وقت کی دہلی میں نظر آتی ہیں اور نہ لکھنو میں۔ حیدرآباد کی حکومت نے غریبوں کی آبادکاری کے لئے مکان بنوائے جو انہیں بہت معمولی کرائے پر دیئے جاتے تھے اور اس

میں بھی ایک خاص بات یہ تھی کہ اگر کوئی شرابی شراب پینا چھوڑ دے تو اس کے ساتھ کرائے میں خاص رعائت کی جاتی تھی۔ سماجی بہبود کا اس سے بہتر اقدام اور کیا ہو سکتا تھا۔ دکن کی حکومت نے عام لوگوں کے لئے بھی خوبصورت مکان بنوائے تھے جو کم کرائے پر فراہم کئے جاتے تھے۔ آغا حیدر حسن مرزا صاحب لکھتے ہیں:

"یہ عالیشان جدید طرز کی عمارت "کنوار گھر" ہے۔ نیویارک کی فلک فرسا نہیں۔ یہاں ایک ایک کمرہ سامانِ جدید اور اسبابِ جدید سے آراستہ پیراستہ کرائے پر ملتا ہے اور کرایہ بھی ایسا نہیں جو متوسط الحال کی بساط سے باہر ہو۔۔۔۔۔۔۔۔۔۔۔۔"

(حیدرآباد کی سیر صفحہ ۱۲۔۱۳)

حیدرآباد میں اسے مجرد گاہ Bachelor's Quarters کہتے ہیں۔ معظم جاہی مارکٹ سے قریب یہ عمارت اب بھی موجود ہے۔ اب عام لوگوں کے لیے مکانات کا حال دیکھیے۔

"پھر ذرا چکر کھایئے اور حبیب نگر سے ہوتے ہوئے ملا پلی چلئے۔ یہ سرکاری مکان ہیں، پختہ، صاف ستھرے، یہ تین قسم کے مکان ہیں۔۔۔۔۔۔۔۔۔۔۔ الف کا کرایہ دس روپئے، ب کا کرایہ چھ روپئے اور ج کا کرایہ دو روپئے۔ یہ تمام مکان حفظان صحت کے اصولوں پر سرکار نے غریبوں کے لئے بنوائے ہیں۔ نشہ ترک کرنے والوں کے ساتھ رعائت ہے۔ ڈیڑھ روپیہ کرایہ ان سے لیا جاتا ہے۔۔۔۔۔۔۔۔۔"

(حیدرآباد کی سیر صفحہ ۱۳)

شاہجہاں خوبصورت اور پُر عظمت عمارتوں کی تعمیر کے لئے مشہور ہیں لیکن دکن میں قطب شاہی اور آصف جاہی حکمرانوں اور روساء نے جو عمارتیں تعمیر کرائیں وہ اپنے طرز تعمیر اور شان و شوکت کے لئے یاد رکھی جانے والی ہیں۔ افسوس ہے کہ بہت سی

چیزوں کا اب ہمیں علم نہیں۔ آغا حیدر حسن مرزا صاحب نے بہت سی ایسی عمارتوں کا ذکر کیا ہے جو بہت اہم تھیں۔ ایسی ہی ایک عمارت میر عالم مرحوم نے سلطان ٹیپو کے محل "درِ دولت" کے طرز پر موسی ندی کے کنارے تعمیر کرائی تھی۔ یہ سہ منزلہ عمارت دکنی ایرانی اور شاہجہانی طرز تعمیر کا ایک خوبصورت نمونہ ہے جس کے بارے میں لکھتے ہیں۔

"---------- یہ سہ منزلہ، لکڑی اور اینٹ چونے سے بنی ہے۔ ستون اور محرابیں چوبی ہیں۔ ستون بٹلوئی دار جھری بہادری کے ہیں اور محرابیں بنگڑیدار شاہجہانی طرز کی۔ باولیوں اور چشموں میں خوش خط، دیدہ زیب، جلی قلم سے فارسی اشعار لکھے ہیں۔ چوبی حصوں پر اُستاد نقاشوں کے ہاتھ کی نقاشی ہے---------- چھتیں خاتم بندی کی ہیں۔ غرفے، جھروکے، نشیمن، مرغولیں، صفے، چبوترے، حوض، نہریں، جھرنے، جل محل، بڑے دل نشین ہیں"۔ (حیدر آباد کی سیر صفحہ ۲۰)

حیدر آباد کی سیر میں حیدر آباد کے گلی کوچوں، دروازوں، مل اور کھڑکیوں کے علاوہ عظیم تر حیدر آباد اور خاص طور پر عادل آباد، نرمل، ماہور اور کیلاپور کے بے حد خوبصورت مناظر، پہاڑ، مندر اور وہاں کے لوگوں کا ذکر ہے۔ مسلمانوں کے لئے مندر میں جانا اور اس کے مہنت سے پرشاد قبول کرنا وہاں کی تہذیب اور رواداری کا حصہ ہے اور اس رواداری کی مثالیں قدم قدم پر حیدر آباد میں مل جائیں گی۔ ماہور کا ذکر کرتے ہوئے لکھتے ہیں۔

"--- تین مندر بڑے عالی شان ہیں۔ ایک مندر پہاڑ کی چوٹی پر ہے۔ یہاں کے پانڈے نے ہمیں حضرت عالمگیر کا فرمان دکھایا جس میں یہ تحریر تھا کہ اس مندر کو میرے دادا اور باوا نے جاگیریں دی تھیں اور وہ سندیں جل گئیں اس لئے میں جدید سند دے رہا ہوں۔ یہاں کے گروجی نے ہمیں تمام مندر پھرا کر دکھایا اور رخصت کے وقت خشک

میوہ، رومال عطر لگا اور ایک باریک انگوچھا دیا۔ پھولوں کے ہار پہنائے اور پان کھلائے۔۔۔۔۔۔۔۔ دوسری چوٹی پر رینو کا دیوی کا مندر ہے۔ اس مندر میں بھی جا کر ہم نے دیوی کے درشن کئے۔۔۔۔۔۔ یہاں بھی ہمیں پرشاد میں خشک میوہ ملا۔۔۔۔۔۔۔۔ قلعہ دیکھا۔ ایک مندر اس کے محل میں بنا ہے۔ یہ قلعہ بہمنی سلاطین کی یادگار ہے اور محل میں مندر ہو نا ان کی بے تعصبی پر گواہی دے رہا ہے"۔

(حیدرآباد کی سیر صفحہ ۱۴۳۔۱۴۴)

آج کے مورخوں اور سیاست دانوں کی نگاہیں عالمگیر اور مغل بادشاہوں کی اس بے تعصبی اور مذہبی رواداری کی طرف نہیں جاتیں کہ ایسے غیر معروف اور دور دراز علاقوں میں بھی انہوں نے محبت اور ایک دوسرے کے لئے مذہبی احترام کی نشانیاں چھوڑی ہیں۔ ان مضامین سے وہاں کے بعض عوامی عقائد اور روایتوں کا بھی علم ہوتا ہے جو دلچسپ بھی ہیں اور جن کی تہذیبی اہمیت ہے۔ اس طرح کی ایک روایت کا ذکر انہوں نے عادل آباد سے ماہور کے سفر کے دوران آموں کے باغات میں بور کی کثرت دیکھ کر لکھی ہے۔ وہ لکھتے ہیں:

"آموں میں بور ایسا پھول رہا تھا کہ پتے نظر نہ آتے تھے۔ اب کے بور اتنا آیا ہے کہ ٹک گیا تو آم کثرت سے ہوں گے۔ جس سال املی زیادہ پھلتی ہے تو لڑکیاں زیادہ پیدا ہوتی ہیں اور جس برس آموں کی افراط ہوتی ہے تو بیٹے بہت پیدا ہوتے ہیں۔ بڑے بوڑھوں سے یہی سنتے آئے ہیں۔۔۔۔۔۔۔۔۔"(حیدرآباد کی سیر صفحہ ۱۴۲)

حیدرآباد کی ایک تہذیبی علامت یہاں کی مہمان نوازی اور لذیذ کھانے ہیں۔ یہاں کا ناشتہ دوسری جگہوں کے پر تکلف دسترخوان کو شرمندہ کر دے۔ یہاں کے ذکر کے ساتھ کچی بریانی، بگھارے بیگن، حلیم، کباب اور خوبانی کا میٹھا یاد آنا ضروری ہے۔ یہاں

کے کھانے لکھنو اور دہلی کے کھانوں سے کسی قدر مختلف ہیں۔ کھانوں کے نام اکثر وہی ہیں لیکن اپنی لذت اور لطافت میں یہ ان سے الگ ہیں۔ آغا حیدر حسن مرزا صاحب نے کھانوں کا ذکر کرتے ہوئے لکھا ہے:

"۔۔۔۔۔۔۔ ورقی سموسے ایسے کہ دلی کے بہادر شاہی سید رکاب دار کے ہاتھ کے معلوم ہوں۔ گلاب جامنیں بنگال سے کم مزیدار نہیں۔ بریانی تو ایسی مزیدار۔۔۔۔۔۔۔ کہ کھاتے کھاتے پیٹ بھر جائے اور جی نہ بھرے۔ بریانی ہے بھی اسی شہر پر ختم۔۔۔۔۔۔۔۔ یہاں کا ہر شخص الٹے پاؤں سے ایسے مزے کی پکائے کہ جو کھائے وہ دوسروں کے سیدھے ہاتھوں کی پکائی میں یہ لذت نہ پائے۔۔۔۔۔۔۔۔۔۔ یہاں تو ہر چیز کا مول ہے سستا چاہو پیسے پیسے کلچہ لے لو۔۔۔۔۔۔ آدھ آنے کا چاکھنا لو پیٹ بھر کے ڈیڑھ آنے میں کھاؤ۔ ابھی بھوکے ہو تو ایک آنے میں خشکے کی قاب آگئی۔ اس کو قورمے کے ساتھ ملا کر کھاؤ۔۔۔۔"

(حیدر آباد کی سیر صفحہ ۴)

حیدر آباد کی ایک اہم تہذیبی و ثقافتی قدر یہاں کے عاشور خانے ہیں۔ عاشور خانہ شمالی ہند میں امام باڑہ اور بعض علاقوں میں امام بارگاہ کے نام سے موسوم ہے۔ لکھنو اور اس کے قرب و جوار کے امام باڑے اپنی خوبصورتی اور فن تعمیر میں اپنا جواب نہیں رکھتے۔ یہاں کربلائے معلیٰ اور نجف اشرف کے روضوں کی نقل میں بھی امام باڑے تعمیر کئے گئے ہیں لیکن حیدر آباد کے عاشور خانے اپنی الگ شناخت رکھتے ہیں۔ یہاں کے عاشور خانے کی ایک خصوصیت الاوہ ہے اس کی اہمیت کا اندازہ اس سے کیا جا سکتا ہے کہ بعض محلوں کے نام میں یہ جز شامل ہو گیا ہے جیسے بی بی کا الاوہ، ببری الاوہ وغیرہ۔ یہاں کی زندگی میں محرم کی بڑی اہمیت ہے جسے اس وقت تک بلا تفریق سب ہی مناتے تھے۔ اس کے رسوم میں

ایک رسم "کدالی لگانا" ہے جس کا کوئی رواج شمالی ہند میں نہیں ہے۔ معلوم نہیں حیدر آباد میں بھی اب وہ کس حد تک باقی ہے۔ حیدر آباد کے مختلف عاشور خانوں اور وہاں کے محرم سے متعلق رسومات کا ذکر آغا حیدر حسن مرزا نے بڑی تفصیل سے کیا ہے۔ وہ لکھتے ہیں۔

"یہاں کے امام باڑوں میں ایک چیز بالکل نئی ہے اور وہ یہ ہے کہ شب عاشورہ حضرت امام حسینؑ نے جو یزیدوں سے مہلت طلب کی تھی اور اہل بیت اطہار کی حفاظت کے لئے خیمہ گاہ کے چاروں طرف آگ روشن کر دی تھی تا کہ دشمنانِ اہل بیت حملہ نہ کر دیں، اس کی یاد میں یہاں امام باڑے کے صحن میں ایک مدور سطح زمین سے کوئی گز بھر اُبھرا ہوا تنور سا بناتے ہیں جس کو مراد مند لکڑیاں ڈال کر شب عاشورہ روشن کرتے ہیں اور اس کو الاوہ کہتے ہیں۔۔۔۔۔۔ جہاں جہاں علم بیٹھتے ہیں ان گھروں میں بھی محرم کا چاند دیکھ کر کدالی لگاتے ہیں۔۔۔"

کدالی لگانا یہاں کی ایک اصطلاح ہے جس کے بارے میں انہوں نے لکھا ہے کہ جو لوگ اپنے گھروں میں عزاء خانہ بنالیتے ہیں وہاں صحن میں الاوہ بھی روشن کرتے ہیں۔ یہ الاوہ عشرے کے بعد ٹھنڈا کر دیا جاتا ہے اور اسے بند کر دیتے ہیں۔ محرم کا چاند دیکھنے کے بعد اس جگہ کو کدال سے کھود کر پھر الاوہ کی شکل دے دی جاتی ہے۔ الاوہ کو دوبارہ کھودنے کو اصطلاً کدالی لگانا کہتے ہیں۔ آغا صاحب حیدر آباد کے امام باڑوں کا ذکر کرتے ہوئے لکھتے ہیں:

"۔۔۔ مدراس کے دو مشہور امام باڑے ہیں۔ حیدر آباد میں امام باڑوں کی کوئی گنتی نہیں ہے۔ محرم اور صفر میں ہر عزادار کا گھر امام باڑہ ہو جاتا ہے۔۔۔۔ میں نے ایک ایسے مقام پر جہاں لوگوں کا کم گزر ہوتا ہے ایک عاشور خانہ دیکھا۔۔۔ شاہی عاشور خانہ جو محمد قلی قطب شاہ کے زمانے کی تعمیر ہے اور جس میں کاشی گری عبد اللہ قطب شاہ کے زمانے

میں ہوئی اور جس کا بلند عالیشان چوبی وسیع دوہر ادالان حضرت نظام علی خاں آصف جاہ ثانی غفراں مآب کی حب اہل بیت کا شاہد ہے۔ اس عاشور خانے میں سنگی حوض اور سنگی پیالے ہیں جو ایک ہی پتھر کے ترشے ہیں ان کو کشتی بھی کہتے ہیں۔ مراد مند، مراد بر آنے پر ان کو شربت یا مٹھائی سے بھرتے ہیں۔"

(حیدرآباد کی سیر صفحہ ۱۰۵۔۱۰۶)

حیدرآباد کے محرم کی رسمیں وہاں کے عزاء خانے الاوے اور علموں کا آغا صاحب نے بہت تفصیل سے ذکر کیا ہے اور یہ بھی تحریر کیا ہے کہ کس عاشور خانے کی کیا اہمیت ہے۔ کوئی قدم رسول کا الاوہ ہے۔ کوئی بی بی کا علم، کوئی حضرت قاسم کا الاوہ، کوئی پنجہ شاہ ولایت کا الاوہ، کہیں نعل صاحب یعنی سرکارِ دوعالم صلعم کے مغفر کی بینی، کہیں حضرت عباس کی زرہ کا ٹکڑا اور حضرت قاسم کے نیزے کی انی، کہیں سرطوق کا علم اور کہیں علم میں حضرت امام جعفر صادقؑ کا تلوار تعبیہ ہے۔ ان کی تفصیلات سے بلا تفریق مذہب و ملت اہل بیت اور شہدائے کربلا سے عقیدت کا اظہار ہوتا ہے۔ یہاں پر صرف ایک امام باڑے کا ذکر کرنا چاہوں گا جس کے بارے میں آغا صاحب نے لکھا ہے۔

"مشیر آباد میں امام باڑے کا متولی ایک ہندو کلال ہے۔ ۲۹ر محرم کو مراد مند لکڑیوں کے چھکڑے لا کر ڈالتے ہیں اور ان میں آگ لگا دی جاتی ہے۔ (اور اس کے انگاروں سے) چار پانچ گز چوڑا اور پندرہ بیس گز لمبا سطح زمین سے کوئی پاؤ گز اونچا ایک رستہ سا بنا دیتے ہیں۔ اس آگ میں وہ کلال حضرت قاسم کا علم عقیدت اور خلوص سے اٹھائے دولہا دولہا یا علی یا علی کرتا ہوا اطمینان سے ننگے پاؤں گزر جاتا ہے اس کے گزرنے کے بعد ہندو، سکھ، پارسی، عیسائی، مسلمان، دیسی، فرنگی، مرد، عورت، بچے، جوان، بوڑھے گزرتے جاتے ہیں اور کسی کو آگ سے گزند نہیں پہنچتا باہر والوں کو سن کر یقین نہ

آئے گا۔ آنکھوں سے دیکھنے کی چیز ہے۔ سبحان اللہ کیا نام کی برکت ہے"۔(حیدرآباد کی سیر صفحہ ۱۱)

حیدرآباد کا ذکر علم و ادب کے ذکر کے بغیر تشنہ ہے۔ حیدرآباد تہذیبی مرکز کے ساتھ علم و ادب کا بھی مرکز ہے۔ ندرت زبان کا ایک بڑا حصہ تحقیق و تبصرہ اور مضامین پر مشتمل ہے۔ حیدرآباد کی سیر میں ان کے دو بہت اہم تحقیقی مضامین شامل ہیں جن سے دکنی ادب کے بعض پہلوؤں پر روشنی پڑتی ہے۔ دلچسپ بات یہ ہے کہ ان مضامین کا تعلق بھی تہذیبی اور لسانی اقدار سے ہے۔ انہوں نے ایک مضمون میں ورنگل کے شاعر نذیر احمد دہقانیؔ کا خاص طور پر ذکر کیا ہے جو وہاں کی دیہاتی زبان کے شاعر تھے۔ دیہاتی یا عوامی زبان کی شاعری کا ذکر کرتے ہوئے انہوں نے دہقانی سے پہلے شمالی ہند کے ایک شاعر منور خاں دلمیرؔ کے بارے میں لکھا ہے کہ بہادر شاہ ظفر نے ان کے اشعار سن کر دیوان مرتب کرنے کی فرمائش کی اور ذوق و غالب سے طرز دلمیرؔ میں طبع آزمائی کے لئے کہا جنہوں نے دیہاتی زبان میں شعر کہنے میں اپنی معذوری کا اظہار کیا۔ اس سلسلہ میں آغا حیدر حسن مرزا صاحب نے ایک بہت اہم لسانی گوشے کی طرف اشارہ کیا ہے۔ وہ جانتے تھے کہ زبان کی ترقی میں عام بول چال کی زبان کی بڑی اہمیت ہے۔ انہوں نے اس بات پر افسوس کا اظہار کیا ہے کہ اس کے بعد کسی نے اس گنواری بولی کی طرف توجہ نہیں دی۔ اس سرمائے کو ہندی والوں نے ہندی کا نام دے کر اپنا لیا اور اردو زبان ایک بڑے سرمایے سے محروم ہوگئی۔ نذیر احمد دہقانی نے دکن کی گنواری زبان میں شاعری کی۔ جن کے کلام کی مختلف مثالیں انہوں نے مضمون میں دی ہیں اور بعض جگہوں پر ان کے مطالب بھی بیان کر دیئے ہیں اس کے علاوہ دکنی مرثیے پر ان کا ایک اہم مضمون ہے جس میں بڑی تفصیل کے ساتھ دکن کے مرثیہ گو شعراء اور دکن میں مرثیے کے ارتقاء پر

روشنی ڈالی ہے۔

آغا حیدر حسن مرزا صاحب اپنے عہد کے ایک صاحب طرز نثر نگار تھے۔ تاریخ و تہذیب اور زبان و ادب پر ان کی گہری نگاہ تھی ان کے مضامین گذشتہ حیدرآباد کی تہذیب و ثقافت کے بے مثال عکاس ہیں۔ ان کی تحریر میں ایسی دلکشی اور ان کے قلم میں واقعہ نگاری اور مصوری کی ایسی طاقت ہے کہ آج بھی ان مضامین کو پڑھتے وقت یہی محسوس ہوتا ہے کہ ہم ان مناظر کے سامنے کھڑے ہیں۔ دکن کو تو لوگوں نے کتنی ہی بار دیکھا ہو گا اور وہاں کی تاریخی جگہوں کی سیر کی ہو گی لیکن حیدرآباد کی سیر ایک ایسی زندہ کتاب ہے جس کا مطالعہ کئے بغیر گذشتہ حیدرآباد سے ہماری واقفیت ہمیشہ تشنہ اور نامکمل رہے گی۔

(۲) آغا صاحب باغ و بہار شخصیت

آمنہ انصاری

شدت کی گرمی کہ زبان سوکھ کر تارق سے لگی جارہی ہے بجلی کبھی کی بند ہو چکی تھی (کہ اس شہر میں یہ رونا بہت ہو چلا ہے) اف اف کہیں سے ٹھنڈی ہوا کا کوئی جھونکا آ جائے۔ الٰہی ابر آئے مغرب سے گھٹا اٹھے، برسے کہ ڈال ڈال پات پات سوکھ چلے ہیں۔ آدم کے اولین گناہ کو تو تو نے معاف کر دیا تھا، اب اولاد آدم سے اتنی کیا ناراضگی ! الٰہی الٰہی۔۔۔ اچانک کسی نے کمرے میں آنے کی اجازت چاہی۔ نحیف و ناتوان جثہ، سفید داڑھی نورانی چہرہ اور آنکھیں۔۔۔ دل میں اتر جانے، اس کے سارے بھید جان جانے والی تیز آنکھیں۔۔۔ ارے یہ تو غنی خان صاحب ہیں۔۔۔ ارے صاحب آپ کو اجازت کی کیا ضرورت ہے کہ آپ جیسے دانشوروں کے لئے تو دروازے ہمیشہ کھلے رہتے ہیں۔ دیدہ و دل فرش راہ۔۔۔

آپ کو ۱۶/ تاریخ صبح دس بجے آغا حیدر حسن صاحب کے مکان پر چلنا ہے" غنی خاں صاحب نے فیصلہ کن انداز میں کہا۔۔۔ آغا صاحب! آغا صاحب! ارے یہ کس کا نام آپ نے لے لیا کہ میرے نطق نے بوسے میری زبان کے لیے۔۔۔۔۔۔ اور اس نام کے لیتے ہی جیسے موسم بدل گیا، ٹھنڈی ہوا کے جھونکے آئے اور آسمان کے کناروں کا رنگ گہرا ہونے لگا۔ ان ہی رنگوں میں گھلے ملے ماضی کے رنگ بھی تھے۔۔۔ ماضی۔۔۔ ماضی کی جانب دیکھنا تو میں نے کبھی کا چھوڑ دیا۔۔۔ سنیے کیسی آوازیں آتی ہیں لیجیو، دوڑیو پکڑیو جانے نہ دیجیو، ماضی کا خوبصورت جنگل۔۔۔ وہ گھنی پگڈنڈیاں وہ بلند د بالا درخت کہ جن

کے اوپری سردں نے مل کر راستوں پر تاریکی پھیلا دی ہے۔ ماضی کے اس جنگل میں مجھے سفر کرنا ہے، نیم تاریک راستوں پر۔ وہ زبان کی جھاڑیاں خوشبودار پھولوں سے لدی جھاڑیاں جو اب تیز نوکیلے کانٹوں میں بدل گئیں ہیں۔ مجھے سفر کرنا ہے دھیرے دھیرے ان جھاڑیوں کو ہٹاتے ہوئے اور یکلخت مجھے محسوس ہوا کہ جیسے صبح سویرے سورج نکلنے سے پہلے اوس سے بھیگے، سبزے پر ننگے پاؤں چلنے سے جو ٹھنڈک تلودں میں ترادٹ رول دیتی ہے ویسی ہی ٹھنڈک آنکھوں میں اتر پڑی۔ وہ دیکھئے یاد کے اس جنگل کے بیچوں بیچ میرے ماضی کا دیوان جس کے شہ نشینوں پر متمکن ہستیاں مجھے بغور دیکھ دیکھ کر مسکرا رہی ہیں اور آگے جنگل کے کنارے نیلا مواج سمندر اور اس میں وہ شاندار جہاز جس کی پوری روشنیاں کھلی ہوئی ہیں اور عرشہ پر کہریلی چاندنی پھیلی ہے۔ اس عرشہ پہ کچھ پرچھائیاں سی ہیں۔۔۔ اور یہ ہنسی۔۔۔ یہ ہنسی کی آواز کس کی تھی کہ مانو چاندی کے گھنگرو بج اٹھے۔ کوئی کھکھلا کر ہنسا۔ ہاں یہ ہنسی جانی پہچانی ہے۔۔۔۔۔ یہ پرچھائیں ۔۔۔ یہ پرچھائیں یہ آواز زینت آپا کی ہے اور وہ دیکھئے زینت آپا کس سے محو گفتگو ہیں۔۔۔۔۔ سرخ وسفید رنگت جیسے میدہ میں شہاب گندھا ہو۔۔۔۔ چہرہ کا وقار اور دبدبہ جو رگوں میں خالص خون دوڑنے کی علامت ہے۔۔۔۔ نورانی چہرہ تیز مسکراتی ہوئی آنکھیں۔۔۔ آغا حیدر حسن جو مغل شہنشاہوں کی نشانی تھے۔۔۔۔ وہ رعب وہ حسن وہ وقار۔۔۔ زینت آپا ان کی بہت ہی عزیز شاگرد ایک روز مجھے اپنے ہمراہ آغا صاحب سے ملوانے لے گئیں۔ آغا صاحب زینت آپا کو دیکھ کر خوش ہو گئے۔ آغا صاحب میں آمنہ کو آپ سے ملوانے لائی ہوں۔

" اچھا اچھا ٹھیک ہے" انہوں نے میرے سر پر ہاتھ رکھا۔ "پہلے یہ بتلا کہ تیری شادی شدہ زندگی کیسے گزر رہی ہے" (زینت آپا اپنی شادی کے بعد پہلی مرتبہ ان سے ملی

تھیں)۔ "آغا صاحب بہت اچھی طرح۔ میں اچھی گرہستن بن گئی ہوں۔ خوب کام کرتی ہوں اور بابو کو کھانا پکا کر کھلاتی ہوں"۔ (زینت آپا اپنے شوہر حسینی شاہد کو بابو کہتی تھیں اور ہم لوگ شاہد بھائی)۔ آغا صاحب بے ساختہ ہنس پڑے۔

"خاک پکاتی ہوگی۔ ارے تو بیٹھے بیٹھے اس غریب کا کلیجہ پکاتی ہوگی" آغا صاحب کا یہ جملہ مجھے یاد رہ گیا۔ آغا صاحب کے پاس غالب کی ٹوپی اور فرغل تھی (شاید اب بھی ہو گی)۔ ہم نے کالج کے فنکشن میں غالبؔ کے شعر پر جو مرقع پیش کیا تھا اس میں یہی ٹوپی اور فرغل استعمال کی تھی۔ آغا صاحب نے ایک بقچہ میں باندھ کر ہمارے حوالے کی اور دوسرے ہی دن زینت آپا نے خود آغا صاحب سے مل کر انھیں لوٹا دی۔ چوک کی گھڑیال کے پاس جو چمن ہے اس کے اطراف چھوٹی چھوٹی شطرنجیاں بچھائے دکاندار پرانی چیزیں فروخت کرتے تھے۔ میں نے اکثر آغا صاحب کو ان دکانوں کے پاس دیکھا ہے نو ادارت تلاش کرتے ہوئے۔

دربار ہال میں مشاعرہ تھا آغا صاحب مہمان خصوصی کی حیثیت سے تشریف لانے والے تھے اور ہم سب ان کے انتظار میں سیڑھیوں پر کھڑے تھے۔ آغا صاحب آئے۔ ہمرو کی شیروانی، اونچے کھڑے حاشیہ کی ٹوپی، مشہدی رومال، دربار ہال یکدم جگمگا اٹھا۔ ہم سب ان کے اطراف جمع ہو گئے ان کی باتیں سننے۔۔۔۔۔ دلی کی بیگماتی زبان۔ آغا صاحب کی شہد برساتی آنکھیں، محبت بھرا لہجہ، محلوں کی کہانیاں۔۔۔ اردا بیگنی اور قماقلنی کے قصے۔ آغا صاحب کی شخصیت نہ تھی، تاریخ کا ایک ایسا ورق تھا جس پر تہذیب وتمدن کے سارے اصول درج تھے۔

آغا صاحب کی یاد کے ساتھ ہی ایک عجیب سی ٹھنڈک کا احساس ہونے لگا ہے ان کی لحد میں کچی کلیاں اتریں۔۔۔ جانے جنت کی کس گلی میں جوہی اور چنبیلی کی کلیاں چن رہے ہوں گے۔

(۳) پروفیسر آغا حیدر حسن مرزا کی دکنی لغت

رحمت یوسف زئی

دلّی۔۔۔۔۔ ہندوستان کا دل۔۔۔۔۔ زبان و ادب کا گہوارہ۔۔۔۔۔۔ اسی شہر کمال کے پروردہ اور نام لیوا تھے آغا حیدر حسن مرزا۔ دم آخر تک دلی کا دم بھرتے رہے۔ دلّی کی زبان، بولی ٹھولی محاورے اور خصوصاً بیگماتی زبان پر انھیں جو دسترس حاصل تھی وہ باید و شاید۔ اردو زبان پر ان کی بے پناہ قدرت ہی کا فیض تھا کہ انھیں حیدرآباد میں اردو کے پروفیسر کی خدمت عطا کی گئی۔ ایک بار انھوں نے خواجہ حسن نظامی سے اپنی زبان دانی کے بارے میں رائے طلب کی تھی۔ جواب میں خواجہ حسن نظامی انھیں لکھتے ہیں

" جناب آپ دہلی کے رہنے والے میں بچارا گاؤں کا باشندہ میں آپ کی زبان پر کیا زبان کھول سکتا ہوں میں آپ سے واقف آپ کے خاندان سے آگاہ، اور اس سے باخبر کہ آپ پشتینی دہلوی ہیں"

اور اسی خط میں وہ آگے رقم طراز ہیں

" آپ کے گھر کی زبان ٹکسالی ہے۔ ہم باہر والے اسی کی سند لیتے تھے اور لیتے ہیں۔۔۔۔۔۔ جو غیبی قدرت تم کو اردو زبان پر ہے وہ ساری دلّی میں کسی کو نصیب نہیں اور اب کیا، پہلے زمانے میں بھی تم جیسی ایک مخصوص انشاء پردازی کا موجد دہلی و ہندوستان میں کوئی نہیں گزرا۔ تم الفاظ میں عورتوں کی زبان کا ایسا ہو بہو نقشہ اتار کر دکھا دیتے ہو کہ آج تک کسی لکھنے والے سے نہ بن پڑا۔"(مکتوب خواجہ حسن نظامی مورخہ ۲۲

شوال ۱۳۳۹ھ)۔

جب مجھ سے میرے کرم فرما جناب غنی نعیم نے ڈاکٹر اصغر حسین تیمور کی ایما پر محترم پروفیسر آغا حیدر حسن مرزا پر کچھ لکھنے کی خواہش کی تو میں نے سوچا کہ میرے لیے آغا حیدر حسن مرزا کی ہمہ جہت شخصیت کو خراج عقیدت پیش کرنے کا یہ ایک اچھا موقع ہے۔ غنی نعیم صاحب نے مجھے آغا حیدر حسن مرزا کی بیگماتی زبان پر لکھنے کا مشورہ دیا لیکن شاید میں اس کا مکلّف نہ تھا۔ اس موضوع پر تو وہی قلم اٹھا سکتا ہے جو دلّی کی مخصوص بولی ٹھولی سے کماحقہ واقف ہو اور میں ٹھیرا دکن کا رہنے والا۔ پھر انھوں نے دکنی لغت کا موضوع تجویز کیا اور چونکہ میں آج کل یونیورسٹی آف حیدرآباد کے شعبۂ سنسکرت میں مشینی ترجمے کے ایک پراجکٹ پر کام کر رہا ہوں اس لیے بھی یہ موضوع میری دلچسپی کا باعث تھا۔

دکنی کی یہ لغت جنوری ۲۰۰۲ء میں شائع ہوئی ہے جس کی اشاعت میں استاذی پروفیسر مغنی تبسم کی عرق ریزی بھی شامل ہے۔ اس کتاب کی اشاعت کے بعد دکنی اردو کی کئی لغات شائع ہو چکی ہیں لیکن حقیقت یہ ہے کہ اس کتاب کی تدوین آغا حیدر حسن مرزا نے اس وقت کی جب سید شعار احمد ہاشمی کی مرتبہ دکنی اردو کی صرف ایک چھوٹی سی جیبی سائز کی لغت کے علاوہ کوئی اور جامع لغت موجود نہیں تھی۔ بعد میں پروفیسر غلام عمر خان اور پروفیسر مسعود حسن خان کی مشترکہ کاوشوں کے نتیجے میں دکنی اردو کی لغت منصۂ شہود پر آئی۔ پھر پاکستان میں ڈاکٹر جمیل جالبی کی قدیم اردو کی لغت شائع ہوئی۔ اہم بات یہ ہے کہ پروفیسر مغنی تبسم کے مطابق پروفیسر آغا حیدر حسن مرزا کی ایک طرح سے نامکمل لغت میں ایک تہائی سے زیادہ ایسے الفاظ ہیں جو دکنی کی کسی اور لغت میں نہیں ملتے۔ یہ پروفیسر آغا حیدر حسن مرزا کی ژرف بینی پر دال ہے۔ البتہ ابھی حال ہی میں یعنی

آغا حیدر حسن مرزا کی دکنی لغت کی اشاعت کے بعد پروفیسر سیدہ جعفر کی مرتبہ ایک مبسوط لغت شائع ہوئی ہے جو دکنی کے طالب علموں کے لیے خصوصاً قدیم دکنی کے محققین کے لیے بے حد کارآمد ہے۔

پروفیسر آغا حیدر حسن مرزا کی مرتبہ اس دکنی لغت میں شامل تقریباً ہر لفظ کے معنی اور مترادفات کے ساتھ ساتھ قدیم اردو اور دکنی مخطوطات سے متعلقہ لفظ پر مشتمل شعر یا فقرہ بھی لکھ دیا گیا ہے۔ پروفیسر مغنی تبسم نے اس لغت کو شائع کرنے سے پہلے اس وقت تک موجود متذکرہ بالا لغات کے علاوہ مولوی فیروز الدین کی مرتبہ فیروز الغات سے مشمولہ الفاظ کا موازنہ کر کے نہ صرف مترادفات اور مزید مفاہیم کا اضافہ کیا ہے بلکہ آغا حیدر حسن مرزا کی اتباع کرتے ہوئے کچھ اور مخطوطات سے بھی مثالیں حاصل کر کے درج کر دی ہیں۔ اس طرح اس لغت کی قدر و قیمت میں خاطر خواہ اضافہ ہو گیا ہے۔

اس لغت کی ایک اہم خصوصیت یہ بھی ہے کہ آغا حیدر حسن مرزا نے اس لغت میں ایسے الفاظ بھی داخل کیے جو حیدرآباد کی مخصوص بولی کا حصہ ہیں۔ آغا حیدر حسن مرزا نے ایسے بیشتر الفاظ یکجا کر لیے جو انکی سماعت سے ٹکرائے اور جو ان کے لیے نئے تھے لیکن ریاست حیدرآباد میں بے تکلف بولے اور سمجھے جاتے تھے۔ کچھ الفاظ ایسے تھے جو انھیں قدیم اردو اور دکنی مخطوطات سے دستیاب ہوئے اور بعد میں متروک ہو گئے۔ ان ہی مخطوطات میں کچھ الفاظ ایسے بھی تھے جو آغا حیدر حسن مرزا کے زمانے میں بھی عام بول چال کا حصہ تھے۔

جب انھوں نے لفظ اور اس کے معنی درج کیے تو ساتھ ہی یہ بھی لکھ دیا کہ یہ لفظ دلّی میں کس طرح بولا جاتا تھا۔ اس کا مطلب یہ ہے کہ بنیادی طور پر یہ لفظ دلّی میں عموماً بولا جاتا رہا تھا لیکن جب دکن میں آیا تو اس میں قدرے تبدیلی واقع ہو گئی۔ یہ حقیقت ہے کہ

حیدرآباد میں بولی جانے والی زبان پر دلّی کا خاصا گہرا اثر ہے۔ اس کی وجہ یہ ہے کہ دلّی اور حیدرآباد کے مابین بڑا گہرا رشتہ رہا ہے۔ خلجی دور سے لے کر آصفیہ دور تک حیدرآباد اور اس کے اطراف واکناف کے علاقوں میں دلّی کے فوجی دستے، تاجر، صوفی، صنّاع جوق در جوق آتے رہے اور بیشتر نے دکن کی سرزمین کو اپنا وطن ثانی بنالیا۔ پھر وہ یہاں کی تہذیب و ثقافت میں ایسے گھل مل گئے کہ یہیں کی بول چال اور روزمرہ ان کی زندگی کا جزو بن گئے اور ان کی بول چال کے الفاظ قدرے تبدیلی کے ساتھ یہاں استعمال ہونے والے ذخیرۂ الفاظ کا حصہ بن گئے۔

آغا حیدر حسن مرزا تھے تو دلّی کے مگر ان میں لسانی تعصب نام کو نہ تھا۔ وہ دلّی کی تہذیب و ثقافت کے پرستار تھے لیکن ساتھ ہی وہ مقامی تہذیب و ثقافت کے شیدائی بھی تھے۔ جو کوئی نیا مقامی لفظ سنتے تو فوراً اس کے مفہوم اور مترادفات کی جستجو میں لگ جاتے۔ دلّی کی بیگماتی زبان پر تو مہارت تھی ہی، انھوں نے حیدرآباد کے اعلیٰ طبقے کی خواتین کے ساتھ ساتھ نچلے اور متوسط طبقے کی خواتین کی زبان میں بھی دلچسپی لی اور ان کی زبان سے نکلے ہوئے الفاظ، محاوروں، روزمرہ اور رسومات کو محفوظ کر کے ایک اہم کارنامہ انجام دیا۔ وہ جہاں بھی جاتے وہاں کی زبان کا توجہ سے مطالعہ کرتے، اس کا تجزیہ کرتے اور نتائج اخذ کرتے تھے۔ اس بات کے بیشمار ثبوت ان کی لغت میں جابجا دیکھے جاسکتے ہیں۔ یہاں میں صرف ایک مثال دوں گا۔ صفحہ ۱۰۰ پر ایک لفظ ہے 'پَن'۔ جس کے معنی ہیں لیکن یا مگر۔ آغا حیدر حسن مرزا نے صرف معنی ہی نہیں دیئے بلکہ قدیم دکنی مخطوطے 'علی نامہ' سے بطور مثال وسند ایک شعر بھی درج کر دیا۔ وہ صرف اتنے پر ہی اکتفا نہیں کرتے۔ آگے لکھتے ہیں

یہ لفظ بمبئی والے اب بھی بولتے ہیں۔ جیسے

"پن اب تو خلاص ہو گیا آپ کو معلوم"

جیسا کہ میں نے پہلے عرض کیا تھا کہ اس لغت کے مرتب پروفیسر مغنی تبسم ہیں۔ انھوں نے بعد میں شائع ہونے والی مختلف لغات سے نہ صرف اس لفظ کے مزید معنی اور مترادفات درج کیے بلکہ یہ اطلاع بھی شامل کر دی کہ

"دکنی روزمرہ میں 'پَن' کے علاوہ زیادہ تر 'پَن کی' بولا جاتا ہے جیسے لڑکا تو اچھا ہے پَن کی اس کا خاندان اچھا نہیں ہے"

میں نے پچھلی سطور میں عرض کیا تھا کہ آغا حیدر حسن مرزا میں لسانی تعصب نام کو نہیں تھا۔ اس لغت کے صفحہ ۹۰۔۹۱ پر اس کی ایک مثال دیکھیے۔ حیدرآباد کا ایک روزمرہ ہے 'پانی نھانا'۔ یہ اظہار شمالی ہند کے لوگوں کو عجیب سا لگتا ہے۔ میں نے کئی اصحاب کو ناک بھوں چڑھاتے یا کم از کم مسکراتے دیکھا ہے۔ ان کا کہنا ہے کہ نہایا تو پانی ہی سے جاتا ہے پھر پانی نہانا کیا ہے؟ کیا صرف 'نہانا' کافی نہیں؟ آغا حیدر حسن مرزا 'پانی نھانا' کا مفہوم اور مثال کے طور پر ایک شعر درج کرتے ہوئے لکھتے ہیں

"یہ آج کل حیدرآباد میں بولا جاتا ہے جیسے 'انو پانی نھاتے ہیں'۔ غیر ملکیوں کو یہ ترکیب عجیب معلوم ہوتی ہے لیکن اگر دکنیوں کی تاریخ کا غور سے مطالعہ کیا جائے تو معلوم ہو جائے گا کہ یہ لوگ پُھل نیر (گلاب اور کیوڑے، بید مشک) سے بھی نہاتے تھے۔ ان کے حوض خانے، عطریات سے لبریز رہتے تھے۔ تو یہ عطر و گلاب سے نہانے والی قوم جب ان خوشبویات سے نہانے کے علاوہ پانی سے نہاتی ہو گی تو اس غسل کی بھی تخصیص کر دیتی ہو گی۔"

پھر وہ انتہائی ملال کے ساتھ کہتے ہیں

اب وہ عطر گلاب، کیوڑا تو اڑ گئے، نرا پانی رہ گیا۔ اللہ اس کو ہی رکھے۔ تاناشاہ کے

عظیم الشان گلاب کیوڑے کے حوض تا ایں دم باقی ہیں جن میں کیوڑے کی بجائے اب کیچڑ نظر آتی ہے۔"

دیکھا آپ نے۔ آغا حیدر حسن مرزا نے شمال سے آنے والے نکتہ چینوں کے لیے پانی نھانا کی کتنی واضح تشریح کی ہے۔

سچ بات تو یہ ہے کہ دکن پر ہی کیا موقوف ہے۔ بغداد، سمرقند میں امراء خوشبویات سے نہاتے تھے بلکہ زمانہ قدیم میں قلوپطرا کے بارے میں مشہور ہے کہ وہ نہانے کے لیے عطر کا استعمال کرتی تھی۔ ملکہ نور جہاں کے بارے میں کہا جاتا ہے کہ عرق گلاب اور عطر گلاب اسی کی ایما پر تیار کیے گئے تھے جن سے وہ غسل کرتی تھی۔

دلّی کا ایک محاورہ ہے کپّا لڑھکنا۔ عرش تیموری نے لکھا ہے

"شاہی وفات کے وقت قدیم زمانے میں دستور تھا کہ جب بادشاہ گزر جاتا تو لوگ صاف طور پر نہ کہتے تھے بلکہ یوں کہتے تھے کہ

'کپّا لڑھک گیا'

بادشاہ کی موت کا صاف صاف اظہار کرنا معیوب سمجھا جاتا تھا کیونکہ ایک طرف مردہ بادشاہ کی تجہیز و تکفین کا انتظام ہوتا تھا اور دوسری طرف ولی عہد کے محل میں شادیانے بجتے تھے اور جشن منایا جاتا تھا" (ص ۲۴ قلعہ معلیٰ کی جھلکیاں عرش تیموری)

اس بات کی تصدیق منشی فیض الدین سے بھی ہوتی ہے۔ وہ لکھتے ہیں

"قدیم سے یہ بات مشہور ہے کہ جو کوئی بادشاہ مر جاتا تھا تو اس کے مرنے کی خبر مشہور نہیں کرتے تھے۔ یہ کہہ دیتے تھے کہ آج گھی کا کپّا لُنڈھ گیا۔"

(ص ۱۰۰ بزم آخر منشی فیض الدین)

اس محاورے کا ذکر آغا حیدر حسن مرزا نے نہیں کیا۔ یہ تو ممکن ہے کہ انہیں اس

محاورے کا علم نہ تھا۔ مجھے اس کی وجہ یہ محسوس ہوتی ہے کہ دہلی یا کسی اور حکومت کے بادشاہ کے لئے عوام کے دل میں ہمیشہ احترام رہا ہے ماسوا چند ایسے بادشاہوں کے جو بے حد ظالم ہوں اور جنہیں عوام پسند نہ کرتے ہوں۔ دہلی کے بادشاہوں میں خاص کر اور نگ زیب کے بعد تخت نشین ہونے والے بادشاہوں میں شاید ہی کوئی ظالم اور عوام کا ناپسندیدہ رہا ہو۔ البتہ یہ بات ضرور ہے جس کا ذکر منشی فیض الدین نے بھی کیا ہے کہ بادشاہ کے انتقال کی سب سے زیادہ خوشی ولی عہد کو ہوتی تھی۔ کیوں کہ اس طرح ولی عہد کے بادشاہ بننے کی راہ کا کانٹا ہٹ جاتا تھا لیکن ولی عہد کی زبان سے بھی ایسے الفاظ ادا نہیں ہو سکتے تھے۔ ہاں یہ ہو سکتا ہے کہ ولی عہد کے حاشیہ بردار خوشامدی مصاحبوں میں سے کوئی اس طرح کا فقرہ ادا کرے۔ چونکہ اس فقرے میں بادشاہ کے لئے قدرے تحقیر کا عنصر جھلکتا ہے اسی لئے آغا حیدر حسن مرزا نے اس محاورے کا ذکر نہیں کیا ہو گا۔ علاوہ ازیں آغا حیدر حسن مرزا کا مقصد دکنی الفاظ کی لغت تیار کرنا تھا نہ کہ دلی کے محاوروں کو قلم بند کرنا۔

صفحہ ۲۷ پر ایک لفظ ہے 'بقا ہونا'۔ جس کے معنی آغا حیدر حسن مرزا نے فنا ہونا، مرنا، گذرنا لکھے ہیں اور اس کی وضاحت کرتے ہوئے وہ بتاتے ہیں کہ اکثر الفاظ اپنے متضاد معنوں میں بولے جاتے ہیں جیسے شمع معمور ہوئی بمعنی شمع بجھ گئی یا راج کرنا بمعنی اجڑنا وغیرہ۔ میرے خیال میں اس کی وجہ یہ ہے کہ اس طرح کے اظہار سے بد شگونی ہوتی ہے۔ یہاں تلگو تہذیب کے مطابق جب کوئی رخصت شاید ہونا چاہتا ہے تو کہتا ہے 'وستانو'۔ جس کا مفہوم ہے 'آتا ہوں'۔ اس کی وجہ یہ ہے کہ ان کے ہاں 'جانا' کہنے میں بد شگونی کا عنصر شامل ہے۔ شاید اسی وجہ سے دکن میں جب کوئی رخصت ہوتا ہے تو کہتا ہے 'حاضر ہوتا ہوں'۔ اس لفظ کو بھی آغا حیدر حسن مرزا نے صفحہ ۲۷ اپر درج کیا ہے۔

وقت کی کمی کی وجہ سے صرف چند مثالیں پیش کی گئیں۔ دکنی اُردو میں کئی ایسے قاعدے ہیں جن کی وجہ سے اصل لفظ میں تبدیلیاں پیدا ہو جاتی ہیں جیسے

ہائے لٹکن یعنی ہ کو حذف کرنا مثال کے طور پر چوہا کی بجائے چُوّا، کبھی ھ کو حذف کرنا جیسے چھچھوندر کی بجائے چچُوندر، الھڑ کی بجائے الّڑ، لمبے مصوتوں کو چھوٹے مصوتوں سے بدل دینا جیسے تیسرا کی بجائے تسرایا چھوٹ جانا کی بجائے چُھٹ جانا، پھوٹ جانا کی بجائے پُھٹ جانا، پھانکنا کی بجائے پھنکنا وغیرہ۔

اس لغت میں ایسی مثالیں بھی مل جاتی ہیں جو دکنی اُردو کے طالب علموں اور محققین کو مزید غور و فکر کی طرف متوجہ کرنے کے لئے ایک اہم ذریعہ کا کام کرتی ہیں۔

ایک جگہ 'چچا تاؤ بڑے'، کا مفہوم 'لال بجھکڑ' لکھنے کے بعد قوسین میں آغا حیدر حسن مرزا نے اپنی یادداشت کے طور پر لکھا ہے "اس کی کہانی لکھی جائے۔۔۔" غالباً ان کے ذہن میں یہ بات رہی ہو گی کہ جب لال بجھکڑ کا ذکر آیا ہے تو اس سے منسوب کہانی بھی بیان کر دی جائے۔ یہ کام وہ بعد میں کرنا چاہتے تھے لیکن عدم فرصتی کی وجہ سے نہ کر پائے۔

خاص بات یہ ہے کہ آغا حیدر حسن مرزا نے ہر لفظ کے لیے قدیم دکنی کتابوں سے حوالے درج کیے ہیں۔ موقع ملتا تو اس بات کا امکان تھا کہ آغا حیدر حسن مرزا نہ صرف لغت کو اور بھی ضخیم کرتے بلکہ لسانیات اور قواعد کے اصولوں کے مطابق تجزیہ کر کے دکنی کے طالب علموں کو فیض یاب کرتے۔ پھر بھی یہ کیا کم ہے کہ انہوں نے ایسے کارنامے انجام دیئے کہ آنے والے محققین کو نئی راہوں کے تعین میں سہولت ہو سکے گی۔ خدا کرے کہ ان کا یہ مشن آگے بڑھتا رہے۔

یہاں میں نے صرف دکنی لغت ہی کا جائزہ لیا ہے۔ ناسپاسی ہو گی اگر میں اس جلد

میں شامل تذکرہ دکنی مخطوطات کے بارے میں کچھ نہ کہوں۔ اس میں ۲۸ مخطوطات کا ذکر کیا گیا ہے۔ پروفیسر آغا حیدر حسن کا مملوکہ ایک بہت ہی بیش قیمت کتب خانہ بھی ہے جسے اب ایک میوزیم کی شکل دے دی گئی ہے۔ اس کتب خانے میں کئی مخطوطات بھی شامل ہیں۔ آغا حیدر حسن مرزا ان مخطوطات کی وضاحتی فہرست مرتب کر رہے تھے اور ہر مخطوطے کے کوائف، نمونہ متن، خلاصہ، ابتداء، ترقیمہ غرض ہر اہم اطلاع کو قلم بند کر دیا تھا۔ پروفیسر مغنی تبسم نے محنت شاقہ کے بعد ان مخطوطات کے بارے میں مزید معلومات فراہم کر کے اس کتاب میں شامل کر دیا۔ اس وضاحتی فہرست کو دیکھ کر یہ اندازہ لگانا دشوار نہیں کہ پروفیسر آغا حیدر حسن مرزا کا ذوق تحقیق کس قدر بلند تھا اور انہوں نے ان تفصیلات کو رقم کرنے کے لئے نہ جانے کتنے ہی تذکروں اور دیگر کتب خانوں کی وضاحتی فہرست کا مطالعہ کیا ہو گا۔ بس ایک شعر پر اپنی بات ختم کرتا ہوں۔

مت سہل انھیں جانو، پھرتا ہے فلک برسوں
تب خاک کے پردے سے انسان نکلتے ہیں

(۴) پروفیسر آغا حیدر حسن مرزا کا سماجی اور تہذیبی شعور

(ندرتِ زبان کے حوالے سے)

ڈاکٹر رضوانہ معین

پروفیسر آغا حیدر حسن مرزا کا سماجی اور تہذیبی شعور (ندرتِ زبان کے حوالے سے)

اردو زبان و ادب کو اگر آغا حیدر حسن پر ناز ہے تو یقیناً بجا اور درست ہے کیونکہ انہوں نے نہ صرف اردو کے مزاج کو دریافت کیا بلکہ اسلوب کو بھی شگفتگی اور تابنا کی عطا کی۔

پروفیسر آغا حیدر حسن نے لکھا ہے کہ وہ انیسویں صدی کے آخری دہے میں پیدا ہوئے، یہ زمانہ ہندوستان پر انگریزوں کے مکمل سیاسی تسلط اور استحکام کے ما بعد کا زمانہ ہے۔ سیاسی غلبہ رفتہ رفتہ تہذیبی غلبے کا سبب بن ہی جاتا ہے، وہ دور مشرقی اور مغربی تہذیب و اقدار کے تصادمات اور ردّ و قبول کا ایسا دور ہے جس میں تمام مشرقی مزاج کے علم بردار اور عوام و خواص گرفتار تھے۔ تاریخ کے اوراق پلٹیے تو ہندوستان میں مسلمانوں کی آمد اور تسلط کا آغاز حملہ سندھ (۱۲ےئ) سے ہوتا ہے۔ یہ سلسلہ رفتہ رفتہ بڑھتا رہا اور وسیع و بسیط ہندوستان پر پھیل گیا، مسلمان اپنے ساتھ عرب، ترک، ایران اور عراق کی تہذیب و تمدّن اور روایتیں بھی ساتھ لائے، لازمی طور پر ہندستان کی تہذیب بھی متاثر ہوئی۔ ہمارے مختلف قسم کے پہناوے، ماکولات، مشروبات، طرزِ رہائش اور آداب و

انداز بھی تغیر و تبدل سے آشنا ہو کر ہمارے ذوق اور مزاج کا حصہ بن گئے، یہی مسئلہ اور معاملہ موضوعِ بحث ہے اور مضمون کا ماحصل بھی۔

غالب کے خطوط کی اہمیت اور ادبی حیثیت مسلّم ہے جو اپنے منفرد اندازِ تخاطب اور نئے اسلوب کی شناخت کے لیے تسلیم کیے جاتے ہیں لیکن یہاں سب سے اہم اور قابلِ ذکر بات یہ ہے کہ اس میں نہ صرف ہماری مٹتی ہوئی تہذیب کے نقوش ہیں بلکہ انگریزوں کے ظلم، ان کی بدسلوکیوں اور سماجی ناانصافیوں کی ایسی داستانیں ہیں جو تاریخ کے پنّوں پر کہیں درج نہیں مگر ان کے خطوط نے اس عہد کے مسلمانوں کے ان تمام زخموں اور درد و کرب کو سمیٹ لیا ہے جو مفتوح قوم کا مقدر بن جاتے ہیں۔ ایسی چند ہی اہم ہستیاں اور شخصیتیں ہیں جنھوں نے اپنے زمانے کی مختلف تہذیبی اور سماجی حقیقتوں کو پیش کیا ہے ایسی شخصیتیں پختہ شعور اور شدید قوت مشاہدہ کی مالک ہوتی ہیں، پروفیسر آغا حیدر حسن مرزا ایسی ہی گوناگوں صفات کے حامل ہیں جن کی تحریریں اردو ادب کی تہذیبی میراث ہیں ان تحریروں کے آئینے میں ہم اس عہد کے معاشرے، ان کے مزاج اور ذوق و رجحان کا مشاہدہ کر سکتے ہیں۔

تو آیئے آپ کو انیسویں صدی میں لے چلتے ہیں، آغا صاحب نے اس عہد کی سماجی اور مذہبی زندگی کے بارے میں لکھا ہے کہ دہلی میں پیری مریدی عام تھی، ہر شخص کا مرید ہونا لازم تھا کیوں کہ بے پیرا گالی کی طرح استعمال ہوتا تھا جیسے کہ بے استادا۔ غالبکے بے استادا ہونے کی شہرت سے اس بات کی تصدیق ہو جاتی ہے کیوں کہ یہ بات انہیں کافی پریشان کیا کرتی تھی۔ آغا صاحب نے یہ بھی تحریر کیا ہے کہ شہنشاہ اکبر کے زمانے سے پیری مریدی کی بنیاد پڑی۔ بادشاہ ایسے خوش عقیدہ ہوتے تھے کہ اکثر نے اپنی بیٹیاں ان پیروں سے یا ان کے بیٹوں سے بیاہ دیں، اکثر دلّی میں پیروں کے ایسے گھرانے تھے جن کا

ننھیالی رشتہ شاہی خاندان سے تھا۔ ان پیروں کا اثر آبادی پر بہت تھا ان کی بادشاہ کے بعد عزت کی جاتی بلکہ کبھی کبھی بعض کو تو بادشاہ پر فوقیت دی جاتی تھی۔ بادشاہ ان کے حلقوں میں حاضر ہونے کو اپنی سعادت سمجھتے اور پیروں کے وجود کو اپنی سلطنت کی بقاء کا موجب سمجھتے تھے، ان پیروں کے یہاں کی مستورات بھی بیگمیں کہلاتی تھیں۔

پروفیسر آغا حیدر حسن نے اس عہد کی سماجی زندگی اور مسلمان گھرانوں کی مجرد عکاسی کی ہے اور دلّی کی بیگمات کے تین بڑے طبقے بتائے ہیں:

اوّل شہزادیاں۔ ان میں دو درجے تھے۔ ایک بادشاہ وقت کی بیگمات اور بیٹیاں بھتیجیاں۔

دوسرے سلاطین زادیاں، جن کے اسلاف صاحبِ تخت و تاج رہے تھے۔

تیسرا طبقہ شریفوں کا تھا جو اپنی جائدادوں کی آمدنی سے زندگی بسر کرتا تھا اور پھر اچھے نوکری پیشہ، مولوی اور حکیم۔ شریفوں میں ان چاروں ذیلی طبقوں کی بیویاں بیگمیں کہلاتی تھیں۔

آغا صاحب رقم طراز ہیں کہ شاہی خاندان میں پردہ کم تھا کیوں کہ رعایا اولاد سمجھی جاتی تھی اور اولاد سے پردہ نہیں کیا جاتا البتہ امیروں اور شریفوں میں پردہ سخت تھا۔

سید اسد علی نے بھی رقم کیا ہے کہ:

"مسلم خواتین میں برقعہ اوڑھنے کا رواج تھا، حضرت امیر خسرو کے یہاں بھی اس کا ذکر ملتا ہے" (ہندی ادب کے بھکتی کال پر مسلم ثقافت کے اثرات، ص ۳۴۶)۔

عورتیں گھروں میں رہتی تھیں ہاں گرمیوں اور برسات میں جن کے باغ ہوتے وہ پردے کا انتظام کر کے مہینوں اور دنوں ان باغوں میں جا کر رہتیں اور اگر سیر و تفریح کا موقعہ نہ ہو تو بیگمیں رات و دن حویلیوں ہی میں رہتیں، اس چہار دیواری کی دنیا میں ان کی

دلچسپی کے تمام اسباب جمع رہتے تھے۔

اس وقت کی بیگمات کی تعلیم، ہنر اور ذوق و شوق کا ذکر بھی انہوں نے بڑی تفصیل سے کیا ہے ان میں سے چند لائینیں پیشِ خدمت ہیں:

"بیگموں میں لکھنا پڑھنا، خوش نویسی، سینا پرونا، کاڑھنا، کھانا پکانا، ہنروں میں داخل تھے۔ قلعے میں ان ہنروں کے علاوہ گانا، ناچنا اور ساز بجانا بھی کمال میں داخل تھا۔ لیکن شہر والیوں میں ناچنے کو اچھی نظر سے نہ دیکھتے تھے البتہ ڈھول بجانے اور گانے میں مضائقہ نہ تھا۔۔ نشانہ لگانا، تلوار چلانا، تیرنا، درختوں پر چڑھنا اور گھوڑے کی سواری بڑے گھروں کی بیگمیں بھی جانتی تھیں اور شہزادیوں کو چوگان کا بھی شوق تھا، چوگان میں صرف عورتیں ہی شریک ہوتی تھیں۔"

آغا صاحب نے اپنے مضمون "دلّی کی بیگمات" میں اس وقت کے مذاقِ حسن پر بھی روشنی ڈالی ہے لکھتے ہیں کہ:

"میرے چھٹپنے میں جو صورتیں دلّی والوں کو پسند تھیں اور جو ان کا مذاقِ حسن تھا وہ یہ تھا کہ گورا یا سبزہ رنگ ہو، گورا رنگ موتی کی آب کا پسند کیا جاتا تھا۔ فرنگی لون سفید نہ سمجھا جاتا اور نہ اس کو گورا کہا جاتا، بھورا یا لال کہلاتا اور اس رنگ کے مالک لال دیو یا لال دیونیاں کہلاتے، بال سیاہ اور گھن دار پسند کیے جاتے، بھویں پتلی اور کھنچی ہوئی، ناک پتلی، نتھنے تنگ اور نازک۔۔۔ ہونٹ پتلے، کمر پتلی، چھوٹے چھوٹے ہاتھ پاؤں پتلی پتلی انگلیاں لمبوتری۔۔۔ یہ شاہ عالمی آئینِ حسن تھا، جو شہر آبادی میں اکبر شاہ اور بہادر شاہ تک رہا اور یہی مذاقِ حسن انیسویں صدی کے آخر تک تھا۔"

انگریزوں کو لال دیو یا لال دیونیوں سے موسوم کرنا دراصل عوام کا محض ان کے رنگ سے ناپسندیدگی کا اظہار نہیں بلکہ بحیثیت ظالم اور مستبد غیر ملکی حاکم بھی ان سے

نفرت کا اعلان ہے۔

پروفیسر آغا حیدر حسن نے لباس کے تعلق سے یہ معلومات فراہم کی کہ:

"ساڑیاں دلّی میں ہمیشہ حقیر سمجھی گئیں کیوں کہ یا تو گھسیاریاں پہنتی تھیں یا ٹانڈے کی نٹنیاں۔۔۔ ہندوانیاں لہنگے پہنتیں، ساڑی وہ بھی نہ باندھتیں"

آغا صاحب نے بیگمات کے لباس کی تفاصیل، اسکی وضع قطع اور آرائش وسجاوٹ کا ذکر بڑے دلچسپ اور خوبصورت انداز میں کیا ہے، یہ جان کر بڑی حیرت ہوتی ہے کہ اس وقت تک کپڑوں پر استری کا رواج ابھی نہیں ہوا تھا۔ انہوں نے خواتین کے بناو سنگار کے سامانوں، خوشبوؤں اور زیوروں کی ایسی تفصیل پیش کی ہے کہ دیکھ کر حیرانی ہوتی ہے، اس کے باوجود انہوں نے لکھا ہے کہ زیوروں کے نام بہت ہیں اگر انکی ساخت اور وضع قطع بیان کی جائے تو ایک چھوٹی سی کتاب ہو جائے۔ سماج میں زیورات کا چلن ہمیشہ سے رہا ہے، مسلم معاشرے میں بھی زیورات سے بیحد پسندیدگی اور دلچسپی کا اظہار کیا گیا ہے، اس کے ڈیزائن اور استعمال پر مسلم ثقافت کی پوری چھاپ دیکھی جاسکتی ہے۔

سید علی اسد نے بھی لکھا ہے کہ:

"گرچہ قدیم ہندوستان میں بناؤ سنگار کے مختلف سامان پائے جاتے تھے پھر بھی مسلم ثقافت کے اثرات نے ان میں کچھ اضافہ ہی کیا، اس کا تفصیلی ذکر آئینِ اکبری میں ملتا ہے، اکبر نے "خوشبو خانہ" نام سے ایک علاحدہ شعبہ ہی شیخ منصور کی نگرانی میں قائم کر رکھا تھا۔"

(ہندی ادب کے بھکتی کال پر مسلم ثقافت کے اثرات، ص ۳۵۱)

قدیم ہندوستان میں ناک میں کسی زیور کا استعمال نہیں ہوتا تھا لیکن مسلمان کرتے تھے، ناک میں زیور کا استعمال مسلم ثقافت ہی کا اثر کہا جاسکتا ہے، آغا صاحب نے بھی ناک

کے زیوروں کا ذکر کیا ہے:

"ناک کے سیدھے نتھنے میں ایک سراخ کیا جاتا، ناک کے زیور کیل اور نتھ تھے۔ پھلی، لونگ، مورنی، بسیر، بلاق، باہر والیوں کے زیور تھے۔ بلاق شہر میں اور قلعہ میں منت کے لیے کبھی کبھی چھیدا جاتا اور جن کو بلاق پہناتے ان کے نام مرزا بلاقی اور بلاقی بیگم رکھے جاتے۔" (ندرتِ زبان ص ۳۳۵)

آغا صاحب نے لکھا ہے کہ آج کی مانند اس وقت بھی کچھ لوگ نگوں اور ہیروں کو اچھا یا برا سمجھتے تھے، مختلف خاندانوں میں مختلف جواہر بھاگوان اور منحوس سمجھے جاتے، سعد اور نحس کا بڑا وہم کیا جاتا تھا، بعض نگ بعض کو سازگار ہوتے اور دوسروں کو ناساز، نیلم اور کالا ہیرا منحوس سمجھا جاتا تھا۔

صاحبِ کتاب ندرتِ زبان نے اپنے مضمون "میرے چھٹپن کی دہلی" میں نوابوں کے خاندانوں، ان کے رشتہ داروں، تعلقات، علاقوں، محلسرا اور اپنے نانا حضرت کے خاندان اور جائداد کی معلومات فراہم کی ہے:

"کوئی گھر میں آتا تو اسے کیسے اندرون خانے میں لے جاتے اس کے آداب سے بھی آغا صاحب نے ہمیں واقف کرایا۔ آپ کی دادی حضرت کے مراسم تمام شہزادیوں سے تھے، وہ ان کے دستر خوان کی شریک بھی تھیں۔ قلعہ اجڑنے کے بعد آپ کی محلسرائے قلعہ کا ایک چھوٹا سا نمونہ تھی۔ کمشنر صاحب کی میم صاحبہ ہر اتوار کو آپ کی دادی حضرت سے ملنے آتیں، ان کے چلے جانے کے بعد دادی حضرت خوب اپنے ہاتھوں کو طہارت دیتیں اور صحن وچبوترہ سیڑھیوں تک دھلوایا جاتا، خود ان کے حقیقی خونی ۱۷ عزیزوں کو غدر میں پھانسی دی گئی تھی اور جتنی محلسرائے میں بڑی بوڑھیاں تھیں سب غدر کی زخم خوردہ تھیں۔۔۔ اکثر محتاط لوگ غدر کے واقعات حکومت کے خوف سے سناتے ہوئے

ہچکچاتے اور اس ذکر کو ٹال جاتے۔"

شعر و شاعری اور مشاعرے ہماری تہذیب کا حصہ ہیں۔ آغا صاحب فرماتے ہیں کہ اس وقت شاعری کا چرچا عام تھا، گلی گلی اور گھر گھر شاعر موجود تھے اور دلّی والوں کی زبان اور طرزِ بیان ایسا تھا کہ توتیاں ہاتھ پسارتیں۔۔۔ اس وقت جب شادیاں ہوتیں تو مشہور طوائفیں اور بھانڈ بلائے جاتے، اور مردانے میں ان کی محفلیں جمتی تھیں۔

آغا صاحب کے ذیل کے اقتباس سے محسوس ہوتا ہے کہ طوائفوں کے پاس جانا معیوب نہ تھا بلکہ ایسی جگہیں دل والوں کی تفریح گاہ تصوّر کی جاتی تھیں، اقتباس ملاحظہ ہو:

" عام طور پر گلیوں میں اندھیرا رہتا البتہ امیروں کے دروازوں کے سامنے دونوں طرف لالٹینیں روشن رہتیں، کوٹھے والیاں سولہ سنگار کر کے اپنے گاہکوں کو رجھانا شروع کر دیتیں، کوئی سڑک چھاپ گانا شروع کر دیتا۔ چاوڑی میں
تیسرے پہر سے لے کر آدھی رات تک چہل پہل رہتی، شہر کا ہر چھیل چھبیلا محنت مزدوری سے فارغ ہو کر، نہا دھو کر، عطر لگا کر، خوشبودار تیل میں بسے، گلے میں پھولوں کا کنٹھا ڈالے ٹولیاں بنائے، آوازیں کستے، عشقیہ غزلیں گاتے، اِدھر اُدھر گھومتے پھرتے یا کسی کوٹھے پر چڑھ جاتے، بیویاں گھروں میں کھانا لیے بیٹھی انتظار کر رہی ہیں، تھک تھک کے اونگھ رہی ہیں۔"

مذکورہ بالا منظر میں چند کمزور لمحوں کی جلوہ گری سے اس وقت کی دلّی کا جیتا جاگتا معاشرہ اپنی فکر، مزاج اور جذبہ عیش پسندی کے ساتھ ہماری نظروں کے سامنے آجاتا ہے۔

اس وقت ہندو اور مسلمان دونوں ایک دوسرے کے دکھ درد میں شریک ہوتے، مِل جُل کر رہتے، اور سب تیوہار دھوم دھام سے مناتے تھے، ذیل کا یہ اقتباس مشترکہ

تہذیب اور قومی یکجہتی کا بہترین نمونہ ہے:

"میلے ٹھیلے اس کثرت سے ہوتے سات وار اور آٹھ تیوہار شہر کی کہاوت تھی محرّم میں عشرے کی شب تعزیوں کا جلوس سیکڑوں طرح کے نکلتے مثلاً چوڑیوں کا، روٹی کا۔ رنڈیوں کا تعزیہ بھی نکلتا جس میں ہزاروں کا ہجوم ہوتا، ہیجڑوں کے تعزیے کے ساتھ ماتم کی دھڑ ادھڑ غضب کی ہوتی تھی۔ روزے رکھائیوں اور روزے کشائیوں سے فرصت نہ ملتی۔ عید، بقر عید، شب برأت، پھول والوں کی سیر کے علاوہ راکھی کا تیوہار، ہولی، دسہرہ، گنیش کی سواری، رام لیلا، بھرت ملاپ اور دیوالی سب مِل جُل کر مناتے۔ عُرس پر ہجوم رہتا اور پارس ناتھ جی کی سواری بھی بڑی دھوم دھام سے نکلتی تھی۔"

ان تمام باتوں سے یہ اندازہ لگانا چنداں دشوار نہیں کہ ہندو اور مسلمان اپنی مشترکہ تہذیب پر نازاں تھے اور ایک دوسرے کے تیوہاروں میں سچّے جذبے سے شامل ہو کر خوشیوں میں اضافہ کرتے تھے۔ یہ تمام سماجی معلومات اور تہذیبی مرقعوں کی تفصیل آغا صاحب کے صرف دو مضمون سے لی گئی ہیں جن میں آغا صاحب کے خاندانی معاملات کے علاوہ مسلم معاشرے کے بیشمار مظاہر اور سماجی و اجتماعی زندگی کے انگنت رنگ اور تہذیب کی نیرنگیوں کا جال ہے جسے آغا صاحب نے جزئیات کے ساتھ سمیٹ لیا ہے۔ بالفاظ دیگر انہوں نے اس دور کے تمام معاشرتی اور تہذیبی سرمائے کو ایک گنج گراں مایہ سمجھ کر اپنی مخصوص زبان اور منفرد اسلوب میں محفوظ کر دیا ہے، مجھے یقین ہے کہ ان تحریروں میں نہ صرف دہلی کی معاشرتی زندگی اور تہذیب زندہ رہے گی بلکہ یہی آغا صاحب کو بھی باقی اور زندہ رکھیں گی۔

(۵) پس پردہ کی نسوانی زبان کی متحرک تصویریں

ڈاکٹر پرویز احمد اعظمی

نسوانی زبان کی متحرک تصویروں کو دیکھنے سے قبل زبان اور اسلوب کو سمجھ لینا بہتر ہو گا۔ زبان محض خیالات کی ترسیل کا ایک ذریعہ ہوتی ہے، جسے ہم اپنے تخیلات و تصورات کو دوسروں تک پہنچانے کے لیے وسیلے کے طور پر استعمال کرتے ہیں۔ ویسے تو روزمرہ کی گفتگو میں ہم سبھی ایک جیسی ہی زبان کا استعمال کرتے ہیں لیکن اس کے باوجود، ہر فردِ واحد کا اپنا ایک مخصوص لفظی ذخیرہ، لب و لہجہ اور انداز ہوتا ہے۔ یہی مخصوص لب و لہجہ، رنگ و آہنگ اور اندازِ تخاطب، جب لفظوں کا جامہ پہن لیتے ہیں تو اسے، اس فردِ واحد کے اسلوب کا نام دیا جاتا ہے۔ اس مخصوص لب و لہجے اور اسلوب کو بنانے میں انسان کا پس منظر، پرورش و پرداخت اور تعلیم و تربیت کا خاصہ اہم رول ہوتا ہے۔ اس سلسلے میں جب ہم غور کرتے ہیں تو یہ دیکھ کر حیرت ہوتی ہے کہ صنفِ نازک اور صنفِ قوی دونوں ہی، نہ صرف یہ کہ ایک معاشرے، ایک محلے بلکہ ایک چھت کے نیچے رہتے ہوئے بھی ایک دوسرے سے الگ لفظیات، محاورے اور گالیوں کا استعمال کرتے ہیں۔ زبان کے اسی فرق سے نسوانی اور عام زبان کی شناخت قائم ہوتی ہے۔

شاعر ہو یا نثر نگار، سب کا اپنا ایک مزاج، حیثیت، اسلوب، طرزِ ادا اور امتیازی وصف ہوتا ہے، جس سے اس ادیب کی ایک خاص شناخت قائم ہوتی ہے۔ مثال کے طور پر مہدی افادی کا اپنا رنگ ہے، پطرس بخاری کی اپنی ایک الگ دنیا ہے، رشید احمد صدیقی کا

اپنا ایک خاص لب و لہجہ ہے تو مولانا آزاد کا اپنا ایک خاص اسلوب۔ لیکن ان سب کی پہچان سب سے پہلے انشا پرداز کی حیثیت سے ہوتی ہے۔ اس کے بعد یہ سبھی اپنا اپنا منفرد لب ولہجہ رکھتے ہیں اور اسی سے ان کی شناخت اور شخصیت قائم ہوتی ہے۔ ٹھیک اسی طرح آغا حیدر حسن کا بھی ایک مخصوص رنگ ہے، جس سے ان کی انفرادیت قائم ہوتی ہے۔

آغا حیدر حسن کا اپنا ایک مخصوص اسلوب ہے اور وہ ہے، ان کی بیگماتی زبان۔ ان کی تحریروں بالخصوص پسِ پردہ کو پڑھنے کے بعد ہم یہ کہہ سکتے ہیں کہ ان کی زبان دلّی کے قلعۂ معلّٰی کی ٹکسالی زبان ہے۔ اس زبان کو پڑھنے اور سمجھنے میں آج کی نسل کو ذرا تامل ہو گا کیوں کہ آج اس اکیسویں صدی میں نسوانی زبان پر قدرت تو بہت دور کی بات ہے، آج کے معاشرے میں پانچ مہذب نسوانی گالیاں بھی کس کو معلوم ہیں؟ آغا صاحب کو نسوانی زبان پر یدِ طولیٰ حاصل ہے۔ بندہ ایسا اس لیے نہیں کہہ رہا ہے کہ انہوں نے اپنی تحریروں میں اپنے لیے تانیثی صیغے کا استعمال کیا ہے بلکہ عورتوں سے متعلق تمام امور پر انہیں بے پناہ قدرت حاصل ہے۔ مثلاً:

"میں بھی تمھارے دولہا بھائی کے ساتھ مہمانوں میں داخل ہوئی۔ کھانے کا بھپکا وہ دماغ میں چڑھا کہ کھانے سے ارواح پھر گئی۔ بغیر کھائے، دیکھے ہی سے نیت بھر گئی۔ اچھی تم کہو گی تو سہی کہ شکل نگوڑی چڑیلوں کی سی اور دماغ پریوں سے بڑھ کر۔ اے ہے! میں خود اس عیب کو محسوس کر کے جھیپ جاتی ہوں۔ مگر میں کیا کروں؟ کوئی میرے بس کی بات ہے۔ دلّی پیاری میں میری اٹھان ہی کچھ اس ڈھب سے ہوئی ہے کہ کبھی باہر کسی جوگی ہی نہیں رہی۔۔۔ دادی جب کبھی میری ان نازک دماغیوں سے ناراض ہوتیں تھیں تو کہا کرتی تھیں کہ تان اشاہ کی نواسی نصیب کی کچھ خبر ہے، کسی بُرے کے پلّے پڑی اور رگڑنے پڑے مصالحے یا کسی باہر والے کے سر بندھی جہاں گوبروں کے چوتھ اور

کوڑیوں کے ڈھیر ہوں گے تو گھر کیسے کرے گی۔ باہر والی ساس نندیں مار طعنے تشنوں کے جینے بھی نہ دیں گی۔"

(ص ۱۳۔ ۱۲۔ نچھڑوں کی جگ بیتی، مشمولہ: پسِ پردہ)

مذکورہ بالا اقتباس کو پڑھتے ہی میر کا شعر یاد آگیا کہ:

دلّی کے نہ تھے کوچے اوراقِ مصور تھے
جو شکل نظر آئی، تصویر نظر آئی

درج بالا اقتباس سے یہ بات بالکل واضح ہے کہ یہ زبان عام نہیں بلکہ ایک مخصوص زبان ہے اور جس کو آج اہلِ دانش دہلی کی ٹکسالی زبان گردانتے ہیں۔ اس اقتباس میں "اُٹھان"، "ڈھب"، "تانا شاہ کی نواسی"، "باہر والے کے سربندھی" خاص توجہ کے طالب ہیں۔ اس طرح کے فقرے آج بھی اہلِ دہلی کی زبانوں پر ہیں۔ اس اقتباس میں فاضل مصنف کا اسلوب ہمیں دعوتِ غور و فکر دیتا ہے۔ اپنے لیے تانیث کا صیغہ استعمال کرنا یا اپنے آپ کو مونث لکھنا کوئی کمال نہیں، کمال ان کی لفظیات، ان کے فقرے، ان کے محاورے اور نوک جھونک کو اس طرح پیش کرنے میں ہے کہ کسی کو اس بات کا شائبہ بھی نہ ہو کہ لکھنے والا کوئی دوسرا ہے یا یہ کہ یہ جذبات حقیقی نہیں۔ زبان کا اصل جوہر اس وقت کھلتا ہے جب آدمی غصے میں ہوتا ہے۔ ایسے میں یعنی غصے میں ہرِ شخص اپنی فطری زبان ہی بولتا ہے۔ آغا حیدر کی تحریروں کو پڑھتے ہوئے کہیں سے بھی یہ گمان نہیں ہوتا ہے کہ وہ ان کے فطری جذبات نہیں ہیں۔ جس گھڑی وہ عورتوں کے نوک جھونک کی بات کرتے ہیں تو اس طرح ان کے جذبات کی نمائندگی کرتے ہیں کہ تمام کیفیات ان کی آپ بیتی محسوس ہونے لگتی ہیں۔

"ٹھہر جا بڑی چربیا گئی ہے۔ ابھی آن کے آن میں سدھروائے دیتی ہوں۔ میرا ابھی

فتح النسانام نہیں۔ اپنے نام کی میں بھی ایک بندہ بشر ہوں، مغل کی نہیں چمار کی جنی کہیو جو تیرے سارے مغز کی گرمی نہ چھٹوادی۔۔۔لنکا کہیں کی چوٹی، جُمعہ مسجد کی سیڑھیوں پہ کی شہدن، اُڑدا بیگنی۔ او خّو کیا کیا تھرکتی ہے۔ کیا کیا کلیں توڑتی ہے۔ بوٹی بوٹی پڑی ناچتی ہے۔ خاک پہ بسم اللہ، اللہ نے دیکھ کے ہی پٹخا ہے۔ دیکھتی جاوہ چار چوٹ کی مار پٹواؤں کہ بند بند ڈھیلا ہو جائے۔ کھڑی پڑی کہروا ناچے۔۔۔۔۔۔۔۔۔۔۔۔۔۔'

(ص ۱۹۔ بیگم نیڈو، مشمولہ: پسِ پردہ)

اس اقتباس میں نوک جھونک کا معاملہ صاف ظاہر ہے اور نسوانی زبان کا چٹخارہ بھی پوری طرح موجود ہے۔ صرف ایک چیز " کھڑی پڑی کہروا ناچے " کی وضاحت کرنا چاہتا ہوں کیوں کہ یہاں غالباً وہ تہذیب نہیں ہے جو کہ شمالی ہند میں ہے۔ شمالی ہند میں ہر قوم کا اپنا ایک مخصوص رقص ہوتا ہے جو ہر خوشی کے موقعے پر دیکھنے کو ملتا ہے۔ مثلاً: دھوبی کا ناچ الگ ہے تو لوہار کا الگ، ہریجن کا ناچ اس سے جداگانہ ہے تو کہار کا اس سے علاحدہ۔ میں نے جب اس فقرے کو پڑھا کہ " کھڑی پڑی کہروا ناچے "تو میرے سامنے کہروا ناچ کی تصویریں رقص کرنے لگیں۔ اس رقص کی خوبی یہ ہے کہ اس میں رقص کرنے والا اپنی جگہ پہ کھڑے رہتے ہوئے چہرے کے ہاؤ بھاؤ کے ساتھ ہی ساتھ ہاتھوں اور پیروں کو حرکت دیتا رہتا ہے۔ اب اس فقرے پر غور کیجیے کہ " کھڑی پڑی کہروا ناچے " تو اس شخص کی تصویر آنکھوں کے سامنے رقصاں ہو جائے گی کہ کسی کی تسلّی بخش مرمت ہو رہی ہو اور وہ کھڑا کہروا ناچ رہا ہو تو اس پر کیا کچھ بیت رہی ہو گی، اس کا اندازہ کرنا زیادہ مشکل نہیں۔ اس منظر کو تصور کر کے اس کا لطف لیا جا سکتا ہے۔

آغا صاحب کو نسوانی زبان سے شغف نہیں بلکہ عشق تھا۔ اس لیے کہ انہوں نے اپنے کالج کے دنوں میں بھی جو خطوط دوستوں کو لکھے ہیں، اس میں بھی ان کا انداز وہی

ہے، جس کا کہ ذکر چل رہا ہے۔ میرا خیال ہے کہ اس طرح کا ملکہ ہر کسی کو ودیعت نہیں ہوتا۔ ان کی تحریروں کا یہ ایک خاص وصف ہے اور ان کا ہنر بھی کہ انہیں نسوانی زبان پر قدرت نے بے پناہ قدرت عطا کی تھی۔ آج ہم اس طرح کی زبان کا تصور بھی نہیں کر سکتے۔ آغا صاحب کو پڑھتے ہوئے بار بار ریختی کی یاد آتی ہے کہ اس میں شعراء نسائی جذبات کی ترجمانی انہیں کی زبان میں کیا کرتے تھے اور آغا حیدر حسن نے نثر میں ان کی ترجمانی کی ہے۔ انہوں نے جو خطوط اپنے دوستوں کو لکھے ہیں، ان میں بھی ان کا اندازِ تخاطب وہی ہے، جیسا کہ "پسِ پردہ" کی عام تحریروں میں ہے۔ علی گڑھ میں سروجنی نائیڈو کے آنے کی تفصیل لکھتے ہیں تو ایک ایک واقعے کی تصویر کھینچ کے پیشِ نظر کر دیتے ہیں۔

"ایلو ہاں یہ لکھنا تو بھول ہی گئی کہ جس وقت گاڑی سے اتری ہیں اس وقت انہوں نے اپنا فرغل گاڑی کی نشست پہ سے اٹھا کر جھٹ سے سید حسین صاحب کو دیا۔۔۔

اچھی میری امتل! تجھے میری جان کی قسم ہے۔ میری ہی بھتّی کھائے۔ ہمیں کوہے ہے کر کے پیٹے جو اس خط کو پڑھ کر فوراً چاک نہ کر دے۔ کیوں کہ تمہارا بھائی قمر الزّماں آفت کا پرکالہ ہے اور یہیں مدرسے میں پڑھتا ہے، گھر گیا اور اس کے ہاتھ یہ خط پڑا تو بڑی مٹّی پلید کرے گا۔ معلوم نہیں کن کن کو دانش گاہ میں دکھائے۔ لوگ کہیں لکھنے والی بڑی حرافہ ہے۔ میری تمھاری تو بے تکلفی ہے۔ دوسرے تم میری ہم خیال۔ چھٹپن سے ساتھ اٹھے بیٹھے۔ میری خو بو سے واقف، مگر اور لوگ تو کیا جانیں، کیا کے کیا حاشیے چڑھائیں، کہو گی کہ اچھی بکواس کر کے مغز چاٹا، مگر میں نے تمہیں دلی بیٹھے سارے مدرسے کی بہار دکھادی اور ایسے ایسے لوگوں سے تعارف کرا دیا کہ کبھی کو یاد کرو گی۔"

(ص ۱۳۱۔ حامد دیوان اور مباحثہ، مشمولہ: پسِ پردہ)

یہ وہ زبان ہے کہ پڑھتے جایئے اور محظوظ ہوتے جایئے۔ با محاورہ زبان کا لطف اہلِ زبان ہی جانتے ہیں۔ مذکورہ اقتباس میں، جس طرح محاوروں کا استعمال ہوا ہے، ویسے صرف اک صاحبِ طرز ادیب ہی کر سکتا ہے۔ اس اقتباس کو دیکھ کر کوئی بھی یہ کہہ سکتا ہے کہ آغا صاحب ایک صاحبِ طرز انشا پرداز ہیں، جن کا اپنا ایک مخصوص لب ولہجہ اور رنگ و آہنگ ہے۔ ان کا یہ لب ولہجہ ہر جگہ اسی شانِ تمکنت سے قائم رہتا ہے۔ سروجنی نائیڈو کے حلیے کا ذکر کرتے ہوئے جس طرح ان کے قد و قامت اور جسامت کا ذکر انہوں نے کیا ہے، وہ لائقِ تحسین و آفریں ہے۔ ان کے چہرے کی تصویر کشی دیکھیے:

"بڑی بڑی نرگسی آنکھیں کچھ جھکی جھکی سی، دیکھنے میں کمزور مگر چلنے اور حرکت کرنے میں ہوا سے باتیں کریں۔ آنکھوں کے ڈھیلے ہر وقت تر و تازہ رہتے ہیں۔ پتلیاں خوب سیاہ، اور بڑی بڑی جن کی چاروں طرف بڑے بڑے مڑے ہوئے سیاہ گنجان پلکوں کا جنگلہ ہے۔ جس میں یہ وحشی ہر وقت رم کرتے رہتے ہیں۔ بھلا کہیں اس جنگلے سے یہ کالے شیرازی کبوتر رکتے ہیں۔ بُوا، آنکھیں کیا بتاؤں، غضب کی ہیں موتی کوٹ کوٹ کر بھر دیے ہیں۔ لیکن ساتھ ہی ان سے حجاب و شرم و حیا اور عصمت و عفت پڑی برستی ہے۔"

(ص ۱۴۔ بیگم نیڈو، مشمولہ: پس پردہ)

اس اقتباس سے ان کی پیکر تراشی کا اندازہ لگایا جا سکتا ہے۔ اس میں انہوں نے صرف آنکھوں کا ذکر کیا ہے اور اسی طرح، وہ جس شئے کا بیان کرتے ہیں، اس کا نقشہ کھینچ کر پیشِ نظر کر دیتے ہیں۔ یہی نہیں، انہیں ہر طرح کی منظر نگاری، جذبات نگاری اور دلی کیفیات و واردات کو لفظی پیکر عطا کرنے پر قدرت حاصل ہے۔ ۱۸۵۷ء کی پہلی جنگِ آزادی میں جو بپتا دہلی والوں پر پڑی اور جو قیامتِ صغریٰ اہلِ دہلی پر ٹوٹی، اس کا ذکر بھی

انہوں نے اس طرح کیا ہے کہ محسوس ہوتا ہے کہ یہ سب کچھ ہمارے سامنے ہو رہا ہے۔

"ہر ایک کو اپنی اپنی پڑی تھی۔ کوئی کسی کو نہ پوچھتا کہ ارے تمھارے پر کیا گزرتی ہے۔ کیا پتا پڑی ہے۔ تمھارے منھ میں کے دانت ہیں۔ اِدھر سے رونے کی آواز اُدھر سے ہائے کی صدا، پچھواڑے سے دھڑ ادھڑ پیتک پیّا۔ کلیجہ تھا کہ پھٹا جاتا تھا۔ دل تھا کہ نکلا جاتا تھا۔ مجھ کرموں بندی کو دھڑکن کا مرض۔ پہلے ہی کی خفقانی دیوانی، چاروں طرف کی سن سن کے سُن ہوئی جاتی تھی۔ دشمنوں کی جان نکلی جاتی تھی۔ اِلٰہی اپنے پرائے پیاروں کی خیر۔ اِلٰہی کل کی ماما ٹھنڈی۔ جل تو جلال تو آئی بلا کو ٹال تو۔ اور کبھی یا رحیم رحم کر یا کریم کرم کر، آئی بلا کو دفع کر، کل کی کڑی کو نرم کر۔ کی تسبیاں (تسبیحیں) پڑھتے پڑھتے اُنگلیوں میں چھالے پڑ گئے۔"

(ص ۴۰-۳۹۔ ہائے ہائے اے ہے، مشمولہ: پسِ پردہ)

اس اقتباس سے نہ صرف یہ کہ دہلی کی ٹکسالی زبان بلکہ ۱۸۵۷ء میں پیش آئے حالات و واقعات کا بھی اندازہ ہوتا ہے۔ اس وقت انگریزوں نے لوگوں کو زندہ در گور کر دیا تھا۔ یہ تو ایک معمولی سا بیان ہے، جسے یہاں اقتباس کے طور پر پیش کیا گیا ہے۔ حقیقت اس سے کہیں زیادہ دردناک ہے۔

"پسِ پردہ" کی نسوانی زبان کی متحرک تصویروں کے سلسلے میں جتنے اقتباسات نقل کیے گئے، ان سے نسوانی زبان کی متحرک تصویروں کے ساتھ ساتھ آغا حیدر صاحب کی نسوانی زبان پر گرفت، دلی کی بیگماتی زبان اور ان کا روز مرہ، ان کی نوک جھونک اور ان کی صلواتیں، سبھی کا اندازہ بہ آسانی کیا جا سکتا ہے۔ یہاں اس موضوع پر اس سے زیادہ گفتگو کی گنجائش نہیں پھر بھی، میرا خیال ہے کہ جس وقت اقتباسات پڑھے جا رہے تھے، اس وقت آپ لوگوں کے سامنے نسوانی زبان کی تصویریں یقیناً رقص کرنے لگی ہوں گی، جس

طرح رشید احمد صدیقی کو علی گڑھ سے واقفیت کے بغیر پڑھ کر لطف اندوز نہیں ہوا جا سکتا، اسی طرح آغا صاحب کی زبان بالخصوص محاورے سے تب تک لطف اندوز نہیں ہوا جا سکتا، جب تک کہ اس زبان کے در و بست سے ہم خاطر خواہ واقف نہ ہوں یا دہلی کی ٹکسالی زبان کی ہم کو شدبد نہ ہو۔

یہاں اس مضمون میں نسوانی زبان کی متحرک تصویروں کے سلسلے میں چند باتوں ہی کا احاطہ کیا جا سکا لیکن آئندہ آنے والے زمانے سے مجھے قوی امید ہے کہ کوئی نہ کوئی رِسرچ اسکالر اس طرف توجہ دے گا اور آغا حیدر صاحب کی زبان اور ان کے فن کا مکمل احاطہ کرنے کی کوشش کرے گا اور ان کے فن کی اصل قدر و قیمت کا تعین بھی ہو سکے گا۔

(۶) پروفیسر آغا حیدر حسن: اپنی تحریروں کے آئینے میں
ڈاکٹر عرشیہ جبین

کسی بھی تخلیق کار کی تحریریں اس کی شخصیت کی آئینہ دار ہوتی ہیں جس میں ہمیں تخلیق کار کی شخصیت کا بھر پور عکس نظر آتا ہے۔ تحریروں کے ذریعے ہی ہم ادیب کے ما فی الضمیر تک پہنچ سکتے ہیں کیوں کہ تحریر میں ادیب کی شخصیت پنہاں ہوتی ہے اور جب کوئی ادیب کچھ تخلیق کرتا ہے تو اس میں اس کے تصورات، تخیلات، مشاہدہ، عادات و اطوار، تہذیب و اقدار یکجا ہو کر ادیب کی شخصیت کی تعمیر کرتے ہیں۔ کیوں کہ ادیب جب کسی چیز اور عمل کا مشاہدہ کرتا ہے تو وہ اس عمل کو کسی خاص نظریے سے دیکھتا ہے اور اس کے اسی مخصوص نظریے سے ادیب کی شخصیت کے پوشیدہ گوشے عیاں ہوتے ہیں اور اس طرح جب ہم ان کی تحریروں کا مطالعہ کرتے ہیں تو اس میں ادیب کی شخصیت کی جھلکیاں واضح طور پر نظر آتی ہیں۔

اس سے معلوم ہوتا ہے کہ ہم دوسرے کی شخصیت میں اپنے آپ کو دیکھنا پسند کرتے ہیں۔ اکثر ناقدین کا خیال ہے کہ تخلیق کار کی تحریروں میں اس کی شخصیت کی جھلکیاں واضح طور پر نظر آتی ہیں۔

صابرہ سعید لکھتی ہیں:

"مڈلٹن مری ان نقادوں میں سے ہے جنہوں نے اسلوب میں شخصیت کی جھلک دیکھی۔۔۔ اس لیے وہ کہہ اٹھا اسلوب ہی شخصیت ہے اور یہ تسلیم شدہ امر بھی ہے کہ

ادب اپنے خالق کی شخصیت کا پرتو ہوتا ہے اور ادیبوں کی ایک جماعت کا ادعا ہے کہ تخلیق میں اس وقت تک عظمت پیدا نہیں ہوتی جب تک وہ شخصیت سے ہم آہنگ نہ ہو"۔

(اُردو میں خاکہ نگاری۔ ص ۹)

یہ بات بالکل درست ہے کہ تخلیق کار کی تخلیق میں اس کی شخصیت کی عکاسی ضرور ہوتی ہے کیوں کہ ادب کسی شخصیت کے خیالات، تجربات و مشاہدات کا پرتو ہوتا ہے جس کی وجہ سے اس کی تحریروں میں اس کی شخصیت جگہ جگہ عیاں ہوتی ہے۔ نثر کے مقابلے شاعری میں اس کی شخصیت کی جھلکیاں نمایاں طور پر نظر آتی ہیں مثلاً اُردو غزل کے نامور اساتذہ میرؔ، غالبؔ، آتشؔ اور ناسخ وغیرہ کے کلام میں ان کی شخصیت واضح طور پر نظر آئے گی۔ اسی طرح اُردو کے نثر نگاروں میں فرحت اللہ بیگ، رشید احمد صدیقی اور عبد الحق کے خاکوں میں ان کی شخصیت نمایاں ہوتی ہے۔ مثلاً فرحت اللہ بیگ کا طریقہ کار ایک انشائیہ نگار کا ہے۔ اس سے اُن کی بذلہ سنجی کا پہلو سامنے آتا ہے۔ اسی طرح رشید احمد صدیقی چوں کہ بنیادی طور پر مزاح نگار ہیں اس لیے ان کا اسلوب شگفتہ اور پر لطف ہے اور عبد الحق کی مرقع نگاری کا انداز عالمانہ ہے۔

آغا حیدر حسن کی شخصیت میں بھی ایسی ہی بہت سی خوبیاں ہیں جن کی جھلکیاں واضح طور پر ان کی تحریروں میں نظر آتی ہیں۔ یہاں خاص طور پر ان کی مرقع نگاری کے حوالے سے ان کی شخصیت کو سمجھنے کی کوشش کی گئی ہے۔

آغا حیدر حسن کو زبان و بیان پر بے پناہ قدرت حاصل تھی۔ ان کی زبان دلی کے لال قلعہ کی ٹکسالی زبان ہے۔ انوکھی تشبیہات، دلچسپ فقرے اور بیگماتی محاورے انھیں ازبر تھے۔ وہ دوران گفتگو بر موقع ان کا استعمال کرتے تھے۔ بذلہ سنجی آغا حیدر حسن کی شخصیت کا خاصہ تھی۔ وہ زیادہ دیر سنجیدہ نہیں رہ سکتے تھے بلکہ اپنی شگفتہ اور پر مزاح باتوں

سے سب کا دل جیت لیتے تھے۔ میر معظم حسین جو ان کے چہیتے شاگرد ہیں نہایت دلکش انداز میں ان کی بذلہ سنجی اور شگفتہ مزاجی کی یوں ستائش کرتے ہیں:

"آغا حیدر حسن مزاح کے بادشاہ ہیں۔۔۔ وہ الفاظ کے جادو سے دوسروں کا دل موہ لیتے تھے ان کی باتیں صرف ایک طرفہ قسم کی نہ تھیں اپنے زور بیان اور تقریری صلاحیتوں سے دوسروں کو خاموش کر دیتے بلکہ طباعی ان کی فکری شگفتگی سے ابھرتی۔ مزاح اس طرح پھوٹتا جیسے کسی پہاڑ سے چشمہ، روشنی سے سجے ہوئے کمرۂ طعام میں ان کے جملے چمک اٹھتے۔ شستہ اردو میں نوک جھونک ہوتی جس میں ہر شخص مشغول نظر آتا"

(ندرت زبان، ص۔ ۳)

آغا حیدر حسن کی بذلہ سنجی اور شگفتہ مزاجی کا اندازہ نہ صرف ان کی گفتگو سے لگایا جاسکتا ہے بلکہ ان کی تحریریں بھی ان کی شخصیت کے اس پہلو کی غمازی کرتی ہیں۔ اس کی مثال ان کے خاکے "قادر حسین خاں اور میں" سے ملاحظہ ہو جہاں انہوں نے قادر حسین خاں جو کہ اصول پسند اور سخت مزاج معلم تھے کی شخصیت کی عکاسی پر لطف اور شگفتہ انداز میں کی ہے وہ لکھتے ہیں:

"لڑکوں پر ان کا ڈر بہت تھا۔ کسی کا ہیاو نہ پڑتا کہ گھسے اور سامنے جائے۔ اکثر اساتذہ کو بھی ان کی ترش روئی سے شکایت تھی ان کی پہلی کڑک کو انگیز کر اگر سمجھ کو کام میں لاکر سمجھا دیا جاتا تو فوراً اپنی غلطی کا اعتراف کر لیتے اور ہم نوا ہو جاتے، لیکن ان کی پہلی گرج اکثر کو برداشت نہ ہوتی اور جو کمزور دل کے ہوتے بد دل ہو کر شاکی ہو جاتے۔ یہ نہ سمجھتے کہ خاں صاحب شاہین کے انڈے سے نہ نکلے تھے کہ جس کا گھونسلا دشوار گذار پہاڑ کی چوٹی پر ہوتا ہے وہ اپنی محنت کے جوش میں اونچی چوٹی پر پہنچتے تھے اور پتہ رکھتے

تھے چکر آنا ضروری تھا کوئی بھی میدان کا ساکن چوٹی پر پہنچ کر نیچے دیکھے گا سر چکرائے گا اس وقت جو اس کے سامنے آئے گا امتلا کا شکار ہو کر ابتلا میں مبتلا ہو گا۔ ایسے موقعوں پر دانشمندی ہی کی ترشی اس وقتیہ صفرے کی کاٹ کر سکتی ہے۔ ادھر اس کا دل ہلکا ہوا، ادھر اس کا چھٹکارا۔ اب رہا چوٹیوں پر پیدا ہونے والوں کا وہ قرنوں سے اس بلند فضا کے عادی ہیں۔ دوسرے خاں صاحب تھے کنوارے۔ بڈھا کنوارا ہوتا ہے کڑوا لیکن اس کو سمجھ کر برتاؤ کرو تو اس سے زیادہ میٹھا نہیں وہ اپنا کلیجہ نکال کر

دے سکتا ہے۔"

(ندرت زبان، ص۔ ۱۳۲)

اس اقتباس سے جہاں آغا صاحب کی شگفتہ اور پر لطف شخصیت کا اندازہ ہوتا ہے وہیں ان کے حسن سلوک کا بھی علم ہوتا ہے ان کا ماننا ہے کہ سنگدل آدمی کو بھی اپنے اچھے برتاؤ سے بدلا جا سکتا ہے۔

آغا حیدر حسن کے نزدیک اچھے کردار کی خاصی اہمیت ہے وہ خود اچھے کردار و اخلاق کے مالک تھے خواتین کے ساتھ حسن سلوک کو لازمی سمجھتے تھے۔ انہوں نے شاہوں اور نوابوں کا زمانہ دیکھا جہاں شان و شوکت اور عیش و عشرت میں انسان کے کردار میں تنزل پیدا ہو سکتا ہے لیکن وہ خدا ترس آدمی اور عمدہ صفات کے حامل تھے۔ لڑکوں کے ساتھ ساتھ لڑکیوں کی تعلیم کو بھی وہ ضروری سمجھتے تھے۔ اس کے علاوہ بچوں کی تعلیم و تربیت میں بھی وہ اس بات کا خاص خیال رکھتے کہ نصابی تعلیم کے ساتھ ساتھ ان کی اخلاقی تربیت بھی ہو۔ آغا صاحب کی بیٹی مہر النساء بیگم لکھتی ہیں:

"مجھ کو بچپن ہی سے اُردو پڑھنے کی طرف راغب کرتے رہے۔۔۔ کالج سے واپس ہو کر اپنے پاس بٹھاتے خود پڑھاتے غزلیں اور نغمے گاتے اور اپنے ساتھ مجھ سے گواتے

والد صاحب کی آواز بہت اچھی تھی۔۔۔والد صاحب کی قرأت بہت اچھی تھی۔ اکثر صبح میں نماز کے بعد قرآن پڑھتے۔ میں بھی اس قرأت کی آواز سے بیدار ہوتی۔۔۔ ایک نہایت قابل پنڈت کو سنسکرت اور ہندی پڑھانے کے لئے مقرر کیا جس کی بدولت کئی سال بعد سرکاری امتحان امتیازی کے ساتھ کامیاب کرنے پر مجھے تمغے ملے اسی طرح میرے بھائی آغا سر تاج حسن کی تعلیم و تربیت میں بھی کوئی کمی نہیں ہوئی۔ سر تاج مجھ سے چھ سال چھوٹے ہیں۔ والد اور والدہ ان کو خاص توجہ سے پڑھاتے اور ہمیشہ کوشاں رہتے کہ تعلیم کے ساتھ اخلاق، نیک خصائل اور خاندانی روایات کے حامل ہوں۔"

(پیش لفظ، حیدرآباد کی سیر، ص۔۵)

آگے لکھتی ہیں:

"بزرگوں کا ادب اور چھوٹوں سے شفقت اور محبت ان کا شعار تھا"۔

(حیدرآباد کی سیر، ص۔۵)

مذکورہ بالا اقتباسات سے آغا حیدر حسن کی شخصیت پر روشنی پڑتی ہے وہ حفظ مراتب کا خاص خیال رکھتے تھے اور عمدہ اخلاق و کردار اور نیک خصائل و عادات کو پسند فرماتے تھے۔ ان کی تحریروں کے مطالعہ سے بھی بھی ہمیں ان کے کردار کی نیکی اور اچھی سیرت وصفات کا پتہ چلتا ہے جس میں وہ صفات بد کو ناپسند کرتے اور نیک سیرتی کی ستائش کرتے ہیں مثلاً ان کے خاکے "فرنجن اور سرون" میں انھوں نے فریزر نامی بد خصلت اور بدکردار آدمی جو کہ دوسروں کی بہو، بیٹیوں کے ساتھ بدسلوکی کرتا تھا اس کی تصویر دیکھ کر یوں پیکر تراشی کی ہے:

"فریزر کی عمر اصلیت سے زیادہ معلوم ہوتی ہے اور چہرے سے اس کی آوارگی اور بدمعاشی برستی ہے۔ گالوں میں گڑھے پڑے ہوئے آنکھوں میں حلقے، ہونقی چہرہ۔

تھوڈی پر چھدری داڑھی، دیدوں کے برے طور، خمیدہ تحتی بد اطواری کی علامات نمایاں کرتی۔ غرض انجانتا تصویر دیکھ کر یہ کہہ دے کہ یہ کسی بڑے بد طینت، بد خصلت آوارہ منش کی شبیہ ہے۔ فریزر کو دیسی عورتیں بہت پسند تھیں سرون سے پہلے کسی لوہارنی کو گھر میں ڈال لیا تھا اور اس کے بعد ایک سنہارنی کو پکڑ لایا۔ پرلے سرے کا ایک چھٹا ہوا تھا"۔

(ندرت زبان، ص۔ ۱۱۴)

مذکورہ مثال سے یہی نتیجہ نکلتا ہے کہ وہ بد خصلت و بد طینت آدمی کو وہ قطعاً پسند نہیں کرتے اور اس کی شخصیت کے منفی پہلوؤں کو ناپسندیدہ انداز میں بیان کرتے ہیں جس سے ان کی شخصیت کے اس پہلو کا علم ہوتا ہے اسی طرح مومن خاں مومن کی مرقع نگاری کرتے وقت بھی انہوں نے اس بات کی طرف متوجہ کیا کہ جو اپنوں کی عزت کرے گا وہ لامحالہ دوسروں کی بھی اسی طرح عزت کرے گا چنانچہ وہ لکھتے ہیں:

"کپڑا مومن نفیس پہنتے۔۔۔۔۔۔ داڑھی خشخشی، مونچھیں شرعی لب کتری، رنگ سرخ و سفید جیسا کشمیریوں کا ہوتا ہے۔ نقشہ باریک، پتلی ناک، بادامی کم چھوٹی آنکھیں، ہاتھ پیر کے سجیلے، خوش پوشاک پھر سونے پہ سہاگہ شاعر، بہو بیٹیاں تو کیوں ان کے عاشقانہ اشعار کا موضوع ہونے لگیں۔ ڈیرے دارنیاں اس زمانے کی بڑی تربیت یافتہ اور آداب محفل میں یکتا، مزاج شناسی میں طاق، لطیفہ گو، بذلہ سنج، لباس اور برتاوے میں بہو بیٹیوں کی نقل کر کے مردوں کو موہ لیتیں۔۔۔ شاعر بھی آخر مائیں، بہنیں، بیٹیاں رکھتے ہیں جو اپنوں کی عزت کرے گا وہ لامحالہ دوسروں کی بہو بیٹیوں کا وقر لازم رکھے گا"۔

(میر مومن خاں مومن، ندرت زبان، ص۔ ۱۲۷)

مندرجہ بالا دونوں مثالوں سے آغا حیدر حسن کی نیک سیرتی اور آداب و اخلاق سے بخوبی آگہی ہوتی ہے۔

آغا حیدر حسن کی شخصیت میں قناعت پسندی بھی ملتی ہے۔ اللہ تعالیٰ نے جس حال میں رکھا خوش رہے۔ صبر و استقلال ان کی شخصیت کا جزوِ خاص تھا۔ وہ دل کے عارضہ میں مبتلا تھے۔ اپنی بیماری کو جاننے کے باوجود بھی انہوں نے ہمیشہ صبر و تحمل سے کام لیا اور دوسروں کو کبھی اپنی تکلیف کا احساس ہونے نہ دیا۔

میر معظم حسین لکھتے ہیں:

"جب میں یونسکو میں کارگذار تھا تو آغا صاحب میرے پاس یوروپ چلے آئے۔۔۔ دوران قیام یوروپ میں دل کا دورہ پڑا۔۔۔ ہارٹ اسپیشلسٹ نے معائنہ کر کے کہا بہت سا حصہ متاثر ہوا ہے۔ صرف تھوڑا سا حصہ کام کر رہا ہے۔ اس حالت میں بھی وہ اپنی بذلہ سنجی سے باز نہ آئے۔ ہنس پڑے اور کہا کہ ڈاکٹر صاحب میں ۱۶ برس کی عمر سے اپنا دل خوبصورت لڑکیوں میں بانٹتا جا رہا ہوں اب میری عمر ۸۰ سال ہے میں تو سمجھا کہ پورا دل ختم ہو گیا ہوگا۔ آپ کہتے ہیں کہ ابھی کچھ باقی ہے"۔

(ندرت زبان، ص۔ ۱۲)

اس اقتباس سے جہاں ان کی ظرافت اور بذلہ سنجی کا علم ہوتا ہے وہیں ان کی بیماری سے لڑنے کا حوصلہ، قناعت پسندی اور صبر و تحمل کا بھی پتہ چلتا ہے۔

آغا حیدر حسن کی شخصیت پر دڈّا حسینی کی شخصیت کا بہت گہرا اثر ہے۔ دراصل وہ ان کے گھر کی ملازمہ تھیں اس زمانے میں اکثر نوابوں کے گھر میں اچھے گھرانوں کی ملازمائیں رکھی جاتی تھیں جن کی تربیت میں بچے اچھے اخلاق و کردار کے حامل ہوتے۔ ان کے ساتھ گھر کے افراد کا سا سلوک ہوتا۔ وہ بھی گھر کے تمام بچوں کی پرورش میں کوئی کمی آنے نہ دیتیں اور مثل اولاد ان کے ساتھ سلوک روا رکھتیں دڈّا حسینی بھی آغا حیدر حسن کے گھر میں پانچ روپیہ کی ملازمہ تھیں لیکن کبھی انھیں اس بات کا احساس نہیں ہوا کہ وہ

ان کے گھر کی نوکر ہیں، انہی کے زیر سایہ آغا حیدر حسن کی شخصیت کی تعمیر ہوئی اور ان میں ہمدردی، خلوص و محبت، صبر و استقلال، بڑوں کا ادب و احترام، چھوٹوں سے شفقت اور حسن سلوک جیسی صفات پیدا ہوئیں۔ دڈا حسینی کی مرقع نگاری کرتے وقت انہوں نے ان کی شخصیت کی بہت سی ایسی خصوصیات کی نشاندہی کی ہے جس کا آغا صاحب پر بہت گہرا اثر رہا ہے یہی وجہ ہے کہ انہوں نے ان کے انتقال کو اپنی زندگی کا پہلا صدمہ قرار دیا وہ ایک واقعہ کے حوالے سے ان کی شخصیت کی عکاسی یوں کرتے ہیں۔

"ایک دفعہ میرے والد صاحب اور دادی صاحبہ میں تکرار ہوئی دونوں کی آواز تیز ہو کر صحنچی سے باہر آئی۔ دڈا حسینی وہاں گئیں اور میرے والد صاحب کا کان پکڑ کر ایک طمانچہ رسید کیا وہ سرخ ہو گئے اور فوراً دیوان خانہ میں خاموش چلے گئے۔ دڈا حسینی نے دو روز اس غم میں کہ انہوں نے میرے والد کو مارا ہے کھانا نہ کھایا اور میری دادی حضرت کے سامنے نہ آئیں۔ دوسرے دن میری دادی حضرت باوا جان خود ان کے پاس گئے اور کھانے کے لئے کہا خوب روئیں اور بڑی مشکل سے کھانا کھایا۔ میں نے جب ان سے دریافت کیا کہ صرف انہوں نے باوا جان ہی کو کیوں مارا تو انہوں نے کہا کہ میں نے پالا ہے۔ مجھے ان کی حرکت بری معلوم ہوئی کہ تو تو میں میں کی آواز دوسرے نوکر سنیں اور محل کی جگ ہنسائی ہو۔ مجھے غصہ آگیا اور غصہ حرام ہے میرے ہاتھ ٹوٹیں میں نے اپنے بچے کو تھپڑ مارا۔ ان کا انتقال ۱۹۰۷ء کے موسم بہار میں ہوا۔ یہ میری زندگی کا پہلا صدمہ تھا۔"

(ندرت زبان، ص۔ ۱۱۴)

مذکورہ بالا اقتباس سے پتہ چلتا ہے کہ دڈا حسینی کی نیک سیرت اور خوش اخلاق شخصیت سے آغا حیدر حسن کس قدر متاثر تھے۔ آغا حیدر حسن نے اپنے تقریباً سبھی

خاکوں میں مختلف شخصیات کی مرقع نگاری کرتے وقت ان کی ہمدردی، خلوص و محبت، دولت و شہرت سے بے نیازی، ایثار و قربانی، ان کی قناعت پسندی اور صبر و تحمل جیسی صفات کی بھرپور عکاسی کی ہے۔ ان خصوصیات کے بیان میں بعض موقعوں پر انہوں نے اپنے جن خیالات کا اظہار کیا ہے اس سے خود آغا صاحب کی شخصیت کے بہت سے پہلو ہمارے سامنے اجاگر ہوتے ہیں۔

غرض میں نے یہاں صرف آغا حیدر حسن کی مرقع نگاری کے حوالے سے ان کی تحریروں سے ان کی اپنی شخصیت کے مختلف پہلوؤں کی نشاندہی کی کوشش کی ہے۔ ان کے بیشتر مضامین میں ہمیں ان کی شخصیت کی بہت سی خصوصیات بجاطور پر عیاں ہوتی نظر آئیں گی اور مجھے یقین ہے کہ اس طرح کے مطالعے سے ان کی شخصیت کو سمجھنے میں بھی آسانی ہو گی۔

(۷)حیدر آباد کے تہذیبی اور ثقافتی عناصر: 'حیدر آباد کی سیر' کے حوالے سے

ناہید بیگم

پروفیسر آغا حیدر حسن مغلیہ حکمرانوں کے خاندان سے تعلق رکھتے ہیں۔ آپ ۴/ اگست ۱۸۹۲ء میں دہلی میں پیدا ہوئے۔ آپ کا انتقال ۵/ نومبر ۱۹۲۴ء میں ہوا اور آپ خطۂ صالحین آغا پورہ میں مدفن ہیں۔

آغا حیدر حسن نظام کالج کے پروفیسر تھے۔ ادب میں ان کی خدمات ناقابل فراموش ہیں۔ ان کو زبان و بیان پر غیر معمولی قدرت حاصل تھی۔ وہ شگفتہ اور دلکش اسلوب کے مالک تھے۔ انہیں سیر و سیاحت کا بے حد شوق تھا اور مناظر قدرت اور فطرت کی عکاسی کرنے میں انہیں قدرت حاصل تھی۔ وہ نہایت گہرائی اور گیرائی سے کسی بھی مقام یا اشیا کی ایسی دلکش منظر کشی کرتے ہیں کہ وہ مناظر ہماری نظروں کے سامنے گھوم جاتے ہیں۔ تاریخی مقامات سے بھی انہیں دلچسپی تھی۔ کسی بھی تاریخی مقام یا عمارت کو دیکھ کر اس کے پس منظر، وہاں کی تہذیب، لباس، موسم زیورات کے نام، رہن سہن وغیرہ سے متعلق تفصیلات اور جزئیات کا بیان اتنی عمدگی سے کرتے ہیں کہ قاری خود کو وہاں محسوس کرنے لگتا ہے۔ اتنا سیر حاصل جائزہ یا معلومات غالباً کسی اور مصنف کے یہاں دستیاب ہونا مشکل ہے۔

"حیدر آباد کی سیر" پروفیسر آغا حیدر صاحب کے مضامین کا مجموعہ ہے۔ یہ کتاب

مارچ ۱۹۹۷ء میں ادریس گرافکس حیدرآباد سے شائع ہوئی ہے۔

ادب زندگی کا آئینہ ہوتا ہے۔ وہ ساری زندگی کا احاطہ کرتا ہے اور ہر کامیاب فن کار اپنی تخلیق میں اس نکتہ کو ضرور برتتا ہے۔ آغا صاحب کے مضامین سے بھی اس دور کے معاشرے اور تہذیب کی عکاسی ہوتی ہے۔ "حیدرآباد کی سیر" کے تمام مضامین ہمارے سامنے ایک ایسے ہی تہذیبی اور قدیم حیدرآباد کو پیش کرتے ہیں جو آج کے حیدرآباد سے مختلف ہے، جس سے آج کل کی نسل ناواقف ہے۔ اس لحاظ سے بھی یہ کتاب اہمیت کی حامل ہے۔ اس کتاب کا پہلا مضمون "ناملی" سے متعلق ہے۔ اس مضمون میں آغا حیدر حسن نے سابقہ حیدرآباد کے ریلوے اسٹیشن اور وہاں پر موجود قلی کی تصویر کشی کرتے ہوئے اسے "حمال" کہا ہے کیوں کہ سابقہ حیدرآباد میں قلی کو حمال کہا جاتا تھا۔ اسی کے ساتھ قلی کے آداب اور اخلاق کا بھی یہاں بیان ہوا ہے کہ کس طرح حیدرآبادی تہذیب میں انکساری اور عاجزی کو دخل ہے۔ وہ لکھتے ہیں:

"حمال! حمال! بھئی یہ حمال کیا ہے۔ قلی کو یہاں حمال کہتے ہیں ---۔ حمال نے سارا سامان ہوشیاری سے اتارا۔ اٹھنی قلی کو دی اس نے جھک کر اور شگفتہ رو ہو کر تمیز سے آداب عرض کیا اور کہا کہ خداوند سامان دیکھ لیجئے"۔

(ص:۱۔ مضمون ناملی، حیدرآباد کی سیر)

ہر تخلیق اپنے اندر اپنے عہد اور دور کو سموئے ہوئے ہوتی ہے۔ یہی وجہ ہے کہ قاری فن پارے سے فنکار اور فن پارے کے عہد تک رسائی حاصل کرتا ہے۔ آغا حیدر حسن صاحب کے مضامین بھی ایسے حیدرآباد کی عکاسی کرتے ہیں جہاں نوابوں کا خاص اثر رہا ہے۔ چونکہ اس عہد میں حیدرآباد میں علی حضرت میر عثمان علی خاں کی حکومت تھی جن کی ایک خاص زبان و بیان اور اندازِ گفتگو ہوا کرتی تھی۔ یہی وجہ ہے کہ اس عہد میں

ادنی قلی بھی اعلیٰ سے اعلیٰ ادبی زبان کا استعمال کرتا تھا۔

حیدرآباد تہذیب کے اعتبار سے اپنی الگ پہچان رکھتا ہے۔ یہاں مختلف قسم کے رسم ورواج پائے جاتے ہیں۔ حیدرآبادی تہذیب میں (حنا) مہندی کو بھی بہت مقدس مانا جاتا تھا۔ ویسے مہندی کا چلن تو آج بھی عام ہے لیکن اس دور میں بڑی عقیدت اور جذبہ کے ساتھ مہندی کا احترام کیا جاتا تھا۔ اس کے بارے میں آغا حیدر حسن صاحب نے بڑے دلکش انداز میں بیان کیا ہے۔

"یہاں مہندی مطلق حنا کے معنوں میں تو نہیں۔ ہاں تعلق حنا سے ضرور ہے۔ شادی کی رسم حنا بندی میں جو مہندی بھیجی جاتی ہے۔ اس کے پڑے پھپھیوں کی ایک وضع چوکھنڈی سی بنا کر اور اس کو رنگین کاغذ کے پھولوں اور ابرک سے سجا کر اور موم بتیاں روشن کر کے رکھتے ہیں اور امیر سونے چاندی کے بنواتے ہیں۔ یہاں محرم میں تعزیوں کے سامنے بھی یہ مہندی رہتی ہے"۔

اس طرح انہوں نے اس عہد میں شادی کے موقع پر مہندی کی رسم جس جذبے اور جس عقیدے سے منائی جاتی تھی بہترین اور دلکش انداز میں اس کی تصویر کشی کی ہے جس سے ایک مخصوص قسم کی تہذیب اور رسم کا اندازہ ہوتا ہے۔

سابقہ حیدرآباد میں سبزیوں اور ترکاریوں کی بھی افزائش خوب ہوتی تھی یہاں پر مختلف قسم کی سبزیاں اگائی جاتی تھی۔ ترکاریوں کا زیادہ استعمال کیا جاتا تھا۔ سبزیاں اور ترکاریاں عوام اپنی غذا میں زیادہ استعمال کرتے تھے۔ آغا حیدر حسن صاحب نے سابقہ حیدرآباد کی منڈیوں اور عوامی ذوق کی بھی بہترین تصویر پیش کی ہے۔ جس سے اس عہد کے ذوق اور کاروباری سطح کا اندازہ ہوتا ہے۔ منڈی کی تصویر کشی بڑے شگفتہ اور دلچسپ انداز میں کی ہے۔

"چلو منڈی میں چلیں۔ اوہو ہو کیسی بھری ہے۔ مالنین کیسی طرحدار سونے میں پیلی، موتیوں میں سفید ہو رہی ہیں سامنے ترکاریوں کے ڈھیر لگے ہیں جو ترکاریاں اور شہروں میں رُت کی محتاج ہیں یہاں بارہ مہینے لے لو۔ یہ امبوتے کی بھاجی ہے۔ یہ چکے کی بھاجی ہے۔ بھاجی یہاں ساگ کو کہتے ہیں"۔

اسی طرح آغا حیدر حسن صاحب نے بھی ترکاریوں اور بھاجیوں کی اقسام بیان کی ہیں اور ساتھ ہی دوسرے علاقوں میں بولے جانے والے ان کے ناموں کی بھی نشاندہی کی ہے۔ جس طرح نوابوں کا انداز جدا ہوتا ہے اسی طرح ان کا لباس بھی شاہانہ ہوتا ہے۔ سابقہ حیدرآباد میں کرتی نما قیمتی پوشاک پہنی جاتی تھی۔ اس پوشاک کا بیان آغا حیدر حسن صاحب اس طرح کرتے ہیں:

"کرتنی یہاں کرتی کو کہتے ہیں لیکن کرتی میں اور کرتنی میں فرق یہ ہے کہ کرتی نیفے تک ہوتی ہے اور آستین دار ہوتی ہے۔ یہ بے آستین کی ہوتی ہے اور گلا ناخونی ہوتا ہے۔ گریبان پان نما۔ عام طور پر ٹخنوں تک نیچی ہوتی ہے۔"

(ص:۵۲ یاقوت پورہ)

مذکورہ بالا اقتباس سے یہ پتہ چلتا ہے کہ کرتی کو یہاں کرتنی کہا جاتا تھا لیکن جدید دور میں کرتا یا کرتی ہی کہا جاتا ہے۔ ہندوستان میں مختلف مذاہب اور تہذیب کے لوگ ملیں گے اور ان کے لباس بھی اسی طرح مختلف ہوتے ہیں۔ آغا حیدر حسن صاحب لباس کا بیان کرتے ہوئے لکھتے ہیں:

"پرانے لوگ جو بغلہ پہنے، دھوتی باندھے، پاجامہ پہنے سر پر پگڑی بندھی چلے جاتے ہیں کسی کے سر پر چیرا ہے۔ کسی کے ٹھیٹ بانکوں کی کل دار رنگین پگڑی ہے۔ سفید دوہری گڑگی۔ یہاں کا پاجامہ دوہرا ہوتا ہے اور پاجامے کو یہاں گڑگی کہتے ہیں۔ شیروانی

پہنے ثقہ ہوئے تو بٹن لگے اور گلے کے کانٹے جن کو ہک کہتے ہیں لگے۔ نہیں تو گلے کے ہک کھلے ہاتھ میں چوب دستی لئے بڑے وقار سے چلے جا رہے ہیں۔۔۔ پاؤں میں انگریزی جوتا یا دیسی جوتا چپل بھی بہت لوگ پہن کر بازاروں میں پھرتے ہیں۔ پگڑیاں بھی سینکڑوں نمونوں کی یہاں دیکھ لیجئے۔ کوئی گوالیاری باندھے ہے کوئی اندوری، کوئی پونے کی اور کوئی راجپوتی۔ بستیاں بھی لپٹے ہیں اور دستار بھی پہنے ہیں۔ گول بیضوی کشتی نما، رامپوری، ترکی، مصری، کلپاک، قراقلی، ٹوپیاں اوڑھے ہیں۔ عورتیں برقعے اوڑھے"۔

(ص: ۹۰ مضمون۔ چار مینار)

آغا حیدر حسن صاحب نے یہاں کے لباس، جوتے، پگڑی، دستار، ٹوپیاں وغیرہ کی اس خوبصورتی سے تصویر کشی کی ہے کہ اس عہد کی تہذیب و معاشرت کی جھلکیاں نظروں میں گھوم جاتی ہیں۔

حیدرآباد میں یوم عاشورہ دھوم دھام سے منایا جاتا ہے۔ یہ بھی حیدرآبادی تہذیب کی ایک علامت ہے۔ آغا حیدر حسن صاحب یوم عاشورہ کا بیان اس طرح کرتے ہیں:

"ایام عاشورہ میں ہر مذہب و ملت کے عقیدت مند ٹوٹے پڑتے ہیں۔ شب عاشورہ کو یہ علم کھلتا ہے اور درگاہ سے ماہی مراتب اور بیرق اور تمن طوغوں کے ساتھ جلو خانے میں نواب سالار جنگ بہادر کے برآمد ہوتا ہے۔ ماتم دار ننگے سر ننگے پاؤں، سروں پر عبیر کی رسول ڈالتے۔ نوحے پڑھتے ماتم کرتے ہزاروں کی تعداد میں ساتھ ہوتے ہیں کہ دیکھنے والوں کے کلیجے غم سے پھٹنے لگتے ہیں"۔

(حیدرآباد کے عاشور خانے ص ۱۱۰)

موجودہ حیدرآباد میں بھی یوم عاشورہ اسی جذبے اور عقیدے سے منایا جاتا ہے۔

حیدرآباد میں مختلف کھیل کود اور مشاغل بھی رائج تھے۔ آج کی مصروفیت نے ان

تمام کھیلوں کو بھلا دیا ہے لیکن کچھ کھیل آج بھی اسی شوق سے کھیلے جاتے ہیں جیسے پتنگ بازی آج بھی ہوتی ہے لیکن سابقہ عہد میں (حیدرآباد میں) پتنگ بازی بہت دلچسپی اور شوق سے کی جاتی تھی۔ نوابین بھی اس میں حصہ لیتے تھے۔ آغا صاحب لکھتے ہیں!

"مہاراجہ کشن پرشاد یمین السلطنت مرحوم کو بھی پتنگ بازی کا بہت شوق تھا۔ اعلیٰ حضرت میر محبوب علی خاں غفران مکان کو بھی پتنگ بازی میں کمال حاصل تھا۔ نواب حسین یاور جنگ مرحوم غفران مکان کے ساتھ پتنگ لڑاتے تھے۔۔۔ ڈور دو طرح کی ہوتی ایک تو گٹی یا ریل کی اور دوسری نخ کی۔ اس پر مانجھا چڑھایا جاتا۔ عید بکر عید، ہولی دیوالی دسہرے، شب برات کے تہواروں میں اس شدت سے گڈیاں اڑائی جاتیں کہ آسمان پر گل و گلزار کھلا معلوم ہوتا دکن میں تلسنکرات پر کنکوئے کثرت سے اڑائے جاتے ہیں۔۔۔۔۔۔

(ص ۲۰۷۔ مضمون پتنگ بازی)

مذکورہ بالا اقتباس سے اس عہد کے عید برات اور تہواروں پر پتنگ بازی کے اہتمام کا بھی علم ہوتا تھا۔

حیدرآباد کی تہذیب میں زیورات کی بھی کافی اہمیت ہے۔ یہاں عہد قدیم سے ہی زیورات کا رواج رہا ہے خاص کر چوڑیاں۔ یہاں چوڑیوں کو سہاگ کی نشانی مانا جاتا ہے جو ہندوستانی تہذیب کی دین ہے۔ موجودہ عہد میں جو لاڑ بازار ہے اسے سابقہ عہد میں سہاگ بازار کہتے تھے۔ اس بات کی نشاندہی آغا حیدر حسن صاحب نے کی ہے لیکن وقت کی دھول نے اس نام پر پردہ ڈال دیا ہے۔ سہاگ مالا اور چوڑیوں کے رواج کی پرکشش تصویر کشی آغا حیدر حسن صاحب اس طرح کرتے ہیں۔

"سہاگ کی چوڑیاں جن کو یہاں کھوپڑا کہتے ہیں۔ پانچ آنے لے کر سوا روپیے تک

کی دولہنوں کی جوتیاں جن کو یہاں سیاں کہتے ہیں اور جس کی تصغیر تحقیر اُکھو پڑے دلی میں اب تک بولی جاتی ہے۔۔۔ کالی پوتھ کے لچھے جو یہاں سہاگ کے لئے لازمی ہیں اور ہندو مسلمان کی دونوں کی سہاگنیں شادی کے بعد گلے میں پہنتی ہیں اور ہر وقت سوتے جاگتے پہنے رہتی ہے۔ اگر یہ ٹوٹ جائے تو بڑی بدشگنی سمجھی جاتی ہے"۔

(ص ۸۰۔ لاڑ بازار)

حیدرآباد میں کالی پوتھ کو سہاگ کی نشانی کے طور پر پہنا جاتا تھا۔ موجودہ عہد میں بھی یہی تصور رائج ہے لیکن اس کا اثر کم ہوتا جارہا ہے اور لوگ مغربی تہذیب کو اپنا کر قدیم تہذیب کو فراموش کررہے ہیں۔

حیدرآباد ایک تاریخی و تہذیبی شہر ہے۔ یہاں پر تہوار بڑی جوش و خروش سے منائیں جاتے ہیں۔ یہاں رمضان کی عید بہت خلوص و عقیدت سے منائی جاتی ہے یہاں پر عہد کا اہتمام بڑے اور بچے سبھی جوش و خروش سے کرتے ہیں۔ آغا حیدر حسن صاحب نے حیدرآباد میں عید کی خوشی کا بڑا دلکش منظر پیش کیا ہے۔ وہ لکھتے ہیں:

"نوجوانوں کو عید کی خوشی میں نیند نہ آئی تھی جو سال بھر صبح کی نماز کو نہ اٹھائے اٹھتے تھے۔ آج نماز سے بھی دو گھڑی پہلے اٹھ بیٹھے ہیں۔ اپنے پوشاکوں کا جائزہ لے رہے ہیں۔ کپڑے پہن عطر مل تیار ہو گئے۔ بیویاں اپنے بناؤ سنگار میں لگیں۔ باورچی خانے والیوں نے سویاں پسائی ہیں۔ شیر خرما تیار کیا سویوں کا مزعفر پکایا طرح طرح کے سویوں کے میٹھے تیار کئے"۔

(ص۔ ۱۹۱۔ حیدرآباد کی عید)

غرض حیدرآباد کی سیر کے مطالعہ کے بعد بلاشبہ یہ بات کہی جاسکتی ہے کہ پروفیسر آغا حیدر حسن صاحب نہ صرف زبان کے بادشاہ ہیں بلکہ اس بات کا بھی علم ہوتا ہے کہ

انہیں سیر و سیاحت سے غیر معمولی دلچسپی ہے اور مناظر قدرت اور تاریخی مقامات سے انہیں بے پناہ لگاؤ ہے۔ اس کے علاوہ ان کے وسیع مطالعہ اور عمیق و گہرے مشاہدے کا بھی پتہ چلتا ہے۔ انہوں نے "حیدرآباد کی سیر" میں قدیم حیدرآبادی تہذیب کی نہایت ہی شگفتہ اور دلکش اسلوب کے ساتھ عکاسی کی ہے۔ یہاں کی زبان، لب و لہجہ، رسم و رواج، لباس، زیورات اور مشاغل وغیرہ کی ایسی بھرپور اور عمدہ تصویریں پیش کی ہیں کہ ان کی ذہانت زبان دانی اور تاریخ نویسی پر داد دینے کو جی چاہتا ہے۔

(۸) پروفیسر آغا حیدر حسن مرزا کے سفر نامے

سمیہ تمکین

پروفیسر آغا حیدر حسن مرزا کی شخصیت تعارف کی محتاج نہیں ہے۔ ان کے ادبی کارناموں سے تقریباً آپ سب ہی واقف ہیں۔ ان کی زبان دلی کے لال قلعہ کی ٹکسالی زبان تھی اور وہ زبان و بیان پر قدرت رکھتے تھے۔ آغا حیدر حسن مرزا مزاح کے بادشاہ اور مشاق داستان گو ہیں۔ ادب، تاریخ، نجی زندگی کے واقعات، قصے، پرانے شہر کی تاریخی کہانیاں، مذہب، فلسفہ، ادبی تنقید، شاعری غرض ایسا کوئی مضمون نہ تھا جس پر عبور نہ حاصل تھا۔ پروفیسر آغا حیدر حسن مرزا کو سیر و سیاحت کا بے حد شوق تھا۔ انہوں نے نہ صرف اندرونِ ملک بلکہ بیرونی ممالک یوروپ، امریکہ اور متعدد ممالک کی بھی سیاحت کی۔ انگریزی کے مشہور شاعر ورڈسورتھ کی طرح وہ مناظر قدرت کے دلدادہ تھے اور فطرت کی ہر چیز اور ہر منظر کا مطالعہ انتہائی گہرائی اور گیرائی کے ساتھ کرتے۔ تاریخی مقامات دیکھ کر ان کے پس منظر کی تحقیق کرتے، عمارت کے مختلف حصوں کے نام، در و دیوار کی بناوٹ، نقش و نگار اور مختلف اقسام، ان کی تراش خراش، عورتوں اور مردوں کے ملبوسات کے نام، مختلف موسم کے علاقائی اور طبقہ واری معلومات جیسے ازبر تھیں اور یہی کچھ ان کے مضامین میں موجود ہے۔

پروفیسر آغا حیدر حسن مرزا دستکاری اور کاریگری کو بہت زیادہ اہمیت دیتے تھے۔ اچھی مصنوعات کی قدر اور تعریف کرتے۔ ان کی نظر جوہر شناس تھی۔ تمام تقاریب مثلاً

شادی بیاہ کے رسومات اور اس کے لوازمات سے اچھی طرح واقفیت تھی۔ بزرگوں کا ادب اور چھوٹوں سے شفقت اور محبت ان کا شعار تھا۔ اپنی بذلہ سنجی اور منفرد طرز گفتگو سے محفلوں میں چھا جاتے اور دوستوں کے علاوہ دیگر سامعین کی مرکز نگاہ بن جاتے۔

ان کے مضامین سے یہ اندازہ لگایا جاسکتا ہے کہ ان تمام خصوصیات کے حامل مصنف کس قدر ہر دل عزیز رہے ہوں گے۔ طبیعت میں صبر و تحمل کے ساتھ ساتھ خوش مزاجی اور شگفتگی کوٹ کوٹ کر بھری ہوئی تھی۔

جس باریک بینی اور دلچسپی سے پروفیسر آغا حیدر حسن مرزا نے شہر حیدرآباد کے مختلف حصوں کا ذکر کیا ہے نہ صرف تاریخی پس منظر رکھتی ہیں بلکہ اس سے ان کی انفرادیت مزاح، بول چال، لب ولہجہ اور ان کی شہر سے محبت اور یگانگت سب ہی عیاں ہے۔ حیدرآباد کے باہر کے مقامات، نرمل، ماہور کا مشہور مندر، کسیلا بلور کی جاترا وغیرہ کا ایسا دلچسپ منظر پیش کیا ہے کہ جو لوگ ان مقامات سے واقف ہیں وہ ضرور حیرت کریں گے کہ اتنے مختصر سفر کے دوران انہوں نے کس طرح یہ سب کچھ دیکھ لیا اور کس طرح اپنے خاص طرز اسلوب میں تحریر کیا۔ جو لوگ ان مقامات سے واقف نہیں ہیں وہ بھی پڑھ کر ان معلومات سے فیض یاب ہوتے ہیں۔

پروفیسر آغا حیدر حسن مرزا نے حیدرآباد سے نرمل جاتے ہوئے دیگر راستوں کا ذکر تمام تر جزئیات کے ساتھ بے حد دلکش انداز میں کیا ہے وہ لکھتے ہیں۔

اقتباس ملاحظہ ہو

"تلنگانہ سے ہماری گاڑی گزر رہی تھی۔ لال سرخ مٹی۔ ہرے ہرے دھان کے کھیت اونچے نیچے شالامار کی سی تختہ بندی۔ پانی دوڑ رہا۔ اوس کی بوند پر جو اٹھتے سورج کی کرن پڑتی تو کبھی کسی چلتی گاڑی میں سے وہ چمکتا اس کرن کو پلٹتا دکھائی دے جاتا۔ سرخ

سرخ سڑکیں اکثر جگہ پٹریوں کے ساتھ دوڑتی چلتی جاتیں۔ یا دور سے نظر آتیں اور بنگالی سہاگن کی سیندور بھری مانگ یاد دلاتی، تاڑ کے اونچے اونچے پیڑ مور پنکھی سے پتوں کو پھیلائے اس تلنگانے کے منظر کو خاص رنگ دیتے ہیں۔ سرخ رنگ کی ساڑیاں پہنے جھکی ہوئی کمریاں۔ دھن مڑیوں کی کلچائی کرتی یا دہاں کی بولی میں دھانوں کے کھیت میں نلائی کرتی۔ پانی کی روپہلی ہلکورے دھانی کھیت اور لال ساڑیاں بڑی بہار دکھا رہی تھیں"۔

(سفر نامہ "حیدر آباد سے نرمل" ص ۱۲۱)

اس اقتباس سے پتہ چلتا ہے کہ آغا حیدر حسن مرزا کے مشاہدات معراج کمال کے حامل تھے اور قدرتی مناظر سے ان کو بے حد لگاؤ تھا جس کی منظر کشی انہوں نے اس انداز میں کی ہے کہ وہ متحرک بن کر قاری کو حیران کر دیتی ہے۔

آغا حیدر حسن مرزا کو سماجی زندگی سے بہت زیادہ دلچسپی تھی۔ اس دور میں بزرگوں کے جو عقائد تھے اس کا ذکر انہوں نے بڑی عمدگی کے ساتھ پیش کیا ہے۔ وہ لکھتے ہیں اقتباس ملاحظہ ہو:

"رستے کے دونوں طرف ہرے بھرے کھیت اور بور سے لدی امریاں کہ پتّہ نہ دکھائی دے۔ ہوا بور کی بھینی بھینی خوشبو سے مہک رہی تھی اللہ نے چاہا تو اب کے آم کثرت سے ہو گا اور بیٹے بھی خوب ہوں گے۔ جس سال املی بہتات سے پھلتی ہے تو بیٹیاں ہوتی ہیں اور جس برس آم زیادہ ہوتے ہیں تو بیٹے زیادہ پیدا ہوتے ہیں یہ بڑے بوڑھوں سے سنتے آئے ہیں"۔

(سفر نامہ "حیدر آباد سے نرمل" ص ۱۲۳)

پروفیسر آغا حیدر حسن مرزا کی فطرت کا یہ ایک پہلو ہے کہ ان سے ملنے والا یہ محسوس کرتا ہے کہ وہ کسی غیر سے نہیں اپنے سے مل رہا ہے۔ اس کے علاوہ بلا امتیاز

مذہب وملت ان کے مراسم خواص وعوام سے تھے۔ ان تمام کے عقائد کا ذکر انہوں نے اپنے سفر ناموں میں اسی چاہ کو پیش نظر رکھ کر کیا ہے۔ ان کے سفر نامے "سفر نامہ نرمل" کے مطالعہ سے ان کی باریک بینی کا پتہ چلتا ہے۔ نرمل کی جو نقاشی ہے وہ وراثتاً چلی آرہی ہے اس کا اپنا ہی ایک الگ دبستان ہے۔ نرمل کی مصنوعات کی خصوصیات بیان کرتے ہوئے آغا صاحب نے ان کی بناوٹ کا ذکر اپنے اندازِ خاص میں کیا ہے مثلاً لکڑی کے اوپر پہلے باریک کہڑا غالباً اسی کی لئی سے چڑھاتے ہیں۔ اس کے بعد سونا چڑھا کر اس میں سفیدی کی تہ بٹھاتے ہیں اور اس پر طرح طرح کے پھول بناتے ہیں اور کہربا کا روغن کرتے ہیں۔ یہ رنگ بڑے دیرپا ہوتے تھے اور اکثر اوٹیں، کشتیاں، خوان، کھانچے، گنجفہ، صندوقچے، صندوقچیاں، ڈبے، ڈبیاں بنائی جاتی۔ کھلونے بھی خوب بنائے جاتے یہاں کے عمدہ کھلونوں میں بھینس، مرغا، مرغی، وغیرہ بہت خوبصورت ہوتے تھے۔ آغا صاحب کی نگاہ ہر اس منظر کو جذب کرلیتی ہے جو ان کی نظر کے سامنے آتا ہے مثلاً نرمل میں بڑے بڑے جگادری بندر ہوتے تھے۔ ہرے ہرے کھیتوں میں سفید سفید بگلے کہیں ایک ٹانگ پر کھڑے کہیں گردن جھکائے خاموش کھڑے سچ مچ بگلا بھگت معلوم ہو رہے تھے۔

نرمل کی صنعتوں میں پتھر کے برتن کی صنعت بھی کافی مشہور ہے جس کا ذکر آغا صاحب نے اپنے سفر نامہ میں بڑی تفصیل سے پیش کیا ہے۔

آغا حیدر حسن مرزا کو فن تعمیر سے اس قدر دلچسپی تھی کہ انہوں نے اپنے سفر ناموں بالخصوص سفر نامہ نرمل میں اس کا ذکر جس خوبی کے ساتھ کیا ہے اس سے اس بات کا اندازہ ہوتا ہے کہ قاری فنونِ لطیفہ میں بالخصوص تعمیر کے ضمن میں ان کی باریک بینی کی داد دیئے بغیر نہیں رہا جاسکتا جیسے قلعہ مبارز گڑھ،، کچھمن بیڑی، پوچم بیڑی، ابراہیم

بیڑی، ابراہیم باغ، گلزار محل، مہتاب محل، آئینہ محل، عشرت محل، آبشار محل، جس کو سرد محل کہا جاتا ہے وغیرہ وغیرہ۔

آغا حیدر حسن مرزا اپنے سفر نامہ میں فوج کا بھی ذکر کرتے ہیں کہ نرمل میں دس ہزار سوار، چودہ پلٹن بار، دس ہزار حبشی، سندھی روہیلے، ولایتی پیادے رکاب میں موجود رہتے ہیں۔ ان کے سفر نامہ سے یہ بھی پتہ چلتا ہے کہ وہ ملک کے سماجی، سیاسی حالات سے کماحقہ واقفیت رکھتے تھے اور ان پر جامع نظر رکھتے تھے۔ پروفیسر آغا حیدر حسن مرزا کو اُردو شعر و ادب سے خاص دلچسپی تھی جس کا ذکر انہوں نے اپنے مضامین میں بارہا کیا ہے۔ آغا حیدر حسن مرزا نے سیر و سیاحت کی غرض سے جن جن مقامات کی سیر کی ہے وہاں انھیں اُردو ادب کے جن اشخاص سے تعلق خاص رہا، اس کا ذکر اپنے سفر ناموں میں کیا ہے۔ نرمل بھی چوں کہ اُردو ادب کا گہوارہ رہا ہے، اس لیے وہاں کے بہترین انشاء پرداز سے بھی وہ ملاقات کراتے ہیں جن میں لالہ پنکھراج مقتدری، لالہ خوشحال چند، لالہ برج روپ اور لالہ عجب سنگھ وغیرہ خاص طور سے اہمیت کے حامل ہیں۔

پروفیسر آغا حیدر حسن مرزا کو منظر نگاری سے بہت زیادہ رغبت حاصل تھی۔ انھوں نے اپنے ہر سفر نامہ میں مناظر کی جو مرقع کشی کی ہے وہ بڑی عمدہ ہے۔ جس کی بہترین مثال آغا صاحب سے نرمل سے ماہور کی طرف روانہ ہوتے وقت کی ہے۔

اقتباس ملاحظہ ہو

"راستہ بڑا خوبصورت تھا۔ دونوں طرف گھنے جنگل، جہاں جنگل نہ تھے وہاں ہرے ہرے کھیت دھانوں کے لہرا رہے تھے۔ لال مٹی کی سڑک ان کھیتوں اور جنگلوں کے کنارے سب شال میں سرخ حاشیے کے بہار دے رہی تھی یا کسی سبز ساڑی والی کی سیندور بھری مانگ یاد دلا رہی تھی جب دھوپ میں سرخی آگئی تو گھاٹوں کی چڑھائی شروع ہوتی۔

اس کی چڑھائی پر پیچ ہے۔ سڑک چک پھیریاں کھاتی، جلیبیاں بناتی اوپر چڑھی چلی جاتی تھی"۔

(سفر نامہ نرمل سے ماہور۔ ص ۱۳۷)

اس اقتباس سے آغا صاحب کی ایک اور خوبی واضح انداز میں کھل کر سامنے آتی ہے کہ ان کو منظر نگاری کے ساتھ ساتھ استعارات و تشبیہات پر بھی قدرت حاصل تھی جس کا استعمال انہوں نے اپنے ہر مضمون میں نہایت خوش اسلوبی کے ساتھ کیا ہے۔

آغا حیدر حسن نے اپنے سفر نامہ میں چنندہ بیماریوں کا تفصیلی ذکر کیا ہے یعنی سفر نامہ نرمل میں ماہور کی بیماری یاروگم وغیرہ۔ یہ ایک ایسا مرض ہے جس کو پہلے لاعلاج تصور کیا جاتا تھا مگر آہستہ آہستہ جدید تحقیق نے اس کا علاج دریافت کر لیا۔ انگریزی میں اس بیماری کو یاز کہا جاتا ہے یہ بیماری گھنے جنگلوں میں جنگلی قوموں کو بہت زیادہ ہوتی تھی۔

پروفیسر آغا حیدر حسن مرزا نے اپنے سفر نامہ میں مختلف قسم کے پکوانوں خاص طور سے مرغ مسلم اور لذیذ میٹھے کا ذکر کیا ہے جس سے وہ خود لطف اندوز ہوئے تھے۔ اس کے علاوہ آغا صاحب نے اپنے سفر نامہ "نرمل سے ماہور" میں دوستوں کی دعوت میں اودھی کھانے کے ساتھ ساتھ پر تکلف لوازمات کا بھی ذکر کیا ہے۔

ماہور میں چوں کہ اس زمانے میں پکی سڑک نہیں ہوتی تھی بلکہ کچے راستے ہوا کرتے تھے جس کا ذکر پروفیسر آغا حیدر حسن مرزا نے اپنے سفر نامہ ماہور میں کیا ہے۔ وہ لکھتے ہیں اقتباس ملاحظہ ہو:

"سڑک نہیں کچے راستے ہیں۔۔۔ زمین یہاں کی ایسی کالی ہے کہ سیاہ مخمل کا دھوکا ہوتا ہے۔ جی چاہا اپنے لڑکے شاگردوں کے لئے ایک ایک اچکن کا ٹکڑا اور لڑکی شاگردوں کی صدریوں کے لیے لیتا چلوں۔ اٹھانے جھکا تو معلوم ہوا کالی مٹی ہے جس کو

ریگڑ کہتے ہیں"۔

(سفر نامہ نرمل سے ماہور۔ ص ۱۴۲)

ماہور کی بستی اونچے پہاڑ پر واقع تھی اس لئے بڑا ہی دلفریب منظر دکھائی دیتا تھا۔ اس پہاڑی کا راستہ بڑا دشوار تھا۔ پہاڑیاں درختوں سے ڈھکی ہوئی تھیں۔ ماہور کی قدیم اسلامی عمارتیں تمام کھنڈر ہو گئی تھیں۔ جامع مسجد کا صرف ایک سنگین چبوترہ رہ گیا تھا۔ اس کے علاوہ تین بڑے عالیشان منادر تعمیر کئے گئے تھے۔

آغا صاحب کو ماہور سے کھنڈر اور اس کی اجڑی بستی دیکھ کر دنیا کی بے ثباتی کا نقشہ آنکھوں میں بھرنے لگا کہ یہ دنیا فانی ہے اور باقی رہنے والی ذات اللہ پاک کی ہے۔ اس سے بخوبی اندازہ ہوتا ہے کہ ان کی نگاہ مردِ مومن کی تھی۔

پروفیسر آغا حیدر حسن نے اپنے سفر نامہ ماہور میں مقامی افراد کی نااہلی کا بھی ذکر کیا ہے کیوں کہ عادل آباد کی جو زمین تھی وہ سونا اگلتی تھی۔ لیکن یہاں کے لوگوں کو باغبانی کا شوق نہیں تھا۔ وہ لکھتے ہیں کہ اگر یہاں باغ لگائے جاتے تو وافر مقدار میں میوے کی پیداوار ہو سکتی تھی۔

پروفیسر آغا حیدر حسن اپنے سفر نامہ "کیلاپور کی جاترا" میں رقم طراز ہیں کہ کیلاپور تعلقہ ضلع عادل آباد میں واقع ہے۔ یہاں پر گونڈ کثیر تعداد میں پائے جاتے ہیں جو عادل آباد کے گھنے جنگلوں میں رہا کرتے تھے۔ اٹنور اُردو کا گہوارہ ہے خود وہاں کا راجہ جو کہ ایک گونڈ ہی ہے، اُردو بڑی عمدہ بولتا تھا اس کے ساتھ ساتھ عربی اور فارسی کے الفاظ بہت زیادہ استعمال کرتا تھا۔ جس سے یہ پتہ چلتا ہے کہ یہاں کے راجاؤں کے ساتھ ساتھ عوام کو بھی اردو شعر و ادب سے واقفیت تھی۔ جس کی خاص وجہ یہ رہی تھی کہ شمالی ہندوستان سے قربت کی وجہ سے ان کی بولی پر اردو کا بہت اثر پڑا ہے۔

کیلا پور کی جاترا ہر سال ہوا کرتی تھی اور اس کا بہترین انتظام کیا جاتا تھا اس کی پوجا پہلے عورتوں سے شروع ہوتی۔ ان کے بعد جب ان کی پوجا ختم ہو جاتی تو مرد شروع کرتے۔ آغا حیدر حسن مرزا نے پوجا کی جو منظر کشی کی ہے اس کی مثال مشکل سے ملتی ہے۔ قاری پڑھ کر ایسا محسوس کرتا ہے کہ وہ خود جاترا کا یاتری ہے۔ اس کے ساتھ ساتھ آغا صاحب نے لوگوں کے عقائد و توہم پرستی کی بھرپور عکاسی کی ہے کہ کس طرح بھینٹ چڑھائی جاتی ہے۔ یہ بہت ہی دلخراش قسم کا نظارہ ہوتا ہے۔ یہاں پر آغا حیدر حسن مرزا نے لوگوں کی بے راہ روی کے عقیدہ کو اجاگر کیا ہے۔

پروفیسر آغا حیدر حسن مرزا نے اپنے سفر نامہ "سفر نامہ کشمیر کی سیر" میں کشمیر کی نقاشی کو بڑی عمدگی کے ساتھ پیش کیا ہے۔ اسی نفیس اور باریک کشمیری نقاشی کو جس کو دیکھنے سے عقل حیران رہ جائے۔ اس میں کئی قسم کے نمونے اور گلکاریاں موجود تھے۔ بادام، شال، دیکھت بولی، بند روم، ہزار گلہ، گل مزار، زعفران، گلاب گل چینی، گل بارقتہ، گل خطائی، گل مرجان اور نہ جانے کتنے پھول لکڑی کے تختوں پر کھل رہے تھے جو سدابہار تھے، نہ کمہلاتے نہ مرجھاتے تھے۔

آغا صاحب نے کشمیر کی نقاشی اور نرمل کی نقاشی کے بارے میں تفصیلات قلمبند کرتے ہوئے دونوں مقامات کی نقاشی کے فرق کو واضح کیا ہے۔ نرمل کی نقاشی اپنی جگہ خوبصورت اور کشمیر کی نقاشی اپنی جگہ نازک اور دل آویز۔ کشمیر کی نقاشی بہت نزاکت لیے ہوئے ہے لیکن نرمل کی نقاشی مقامی اپچ کی حامل ہے۔

آغا حیدر حسن مرزا نے اپنے سفر ناموں میں کشمیر کے کھانوں اور وہاں کے رہن سہن کا بڑی خوبصورت کے ساتھ ذکر کیا ہے۔

اقتباس ملاحظہ ہو:

"کھانے بہت پر تکلف ہوتے تھے۔ آٹھ سات قسم کے سالن، دو تین طرح کی مٹھاس، اچار، چٹنیاں، مربے، میوے وغیرہ۔ میز بڑی نفاست سے سجائی جاتی۔ جس قسم کا میز پوش ہوتا اسی قسم کے زانو پوش ہوتے۔ چینی کے برتن بہت ہی خوبصورت نفیس، چاندی کے چمچے، چھری، کانٹے، میز، کرسیاں، جدید مذاق کے مطابق"۔

(سیر کشمیر ص ۱۶۶)

پروفیسر آغا حیدر حسن نے اس سفرنامے میں کشمیر کے خوبصورت نظاروں کا ذکر بڑے ہی خوبصورت انداز میں کیا ہے۔

اقتباس ملاحظہ ہو:

"سرنگ سے نکلے تو وادیِ کشمیر قدموں میں تھی۔ جہلم اور اس کے معاون ندی نالوں، نے ایک جال سا پھیلا دیا تھا۔ سر سبز وادی میں یہ چمکتا ہوا پانی، چاروں طرف آسمان سے باتیں کرتے پہاڑ جن کی چوٹیاں دائمی برف سے سفید عجیب دلکش سماں پیش کر رہے تھے۔ جھٹ پٹے کا وقت، افق کے کونے پر شفق کی سرخی یا سہاگن بنگالن کی مانگ میں سیندور"

(ننھے منے سے فتنہ مہندس کے کارنامے اور ہماری کشمیر کی سیر ص ۱۷۵)

پروفیسر آغا حیدر حسن مرزا اپنے سفرناموں میں قاری کو نہ صرف ان مقامات کے دلکش مناظر دکھاتے ہیں بلکہ وہاں کی تہذیب و معاشرت کو اپنی رنگین بیانی سے دل چسپ بنا دیتے ہیں۔ یہ سلیقہ اظہار، صرف اور صرف آغا صاحب کو حاصل تھا اور بلاشبہ یہ کہا جا سکتا ہے کہ اس قسم کے سفرنامے شاید ہی کوئی لکھ پائے۔

(۹) آغا حیدر حسن بحیثیت انشائیہ نگار

نشاط بیگم

پروفیسر آغا حیدر حسن کی شخصیت اُردو ادب میں محتاج تعارف نہیں ہے وہ اُردو کے نامور اور ممتاز ادیبوں میں شمار ہوتے ہیں۔ انہوں نے مضامین، خاکے، ڈرامے، انشائیے اور نعت کے علاوہ بچوں کے لئے بھی چند مضامین بطور یادگار چھوڑے ہیں۔ آغا حیدر حسن بنیادی طور پر انشائیہ نگار ہیں ان کے تقریباً تمام مضامین میں ہمیں انشائیہ کی خصوصیات ملتی ہیں۔ یہاں ان کی انشائیہ نگاری کا اختصار سے جائزہ پیش کیا جارہا ہے۔

انشائیہ کا بنیادی وصف اس کا اختصار اور جامعیت ہے یوں تو ادب میں طویل انشائیے بھی موجود ہیں لیکن زیادہ تر ناقدین اس بات پر زور دیتے ہیں کہ انشائیہ کا حسن اس کے اختصار میں پوشیدہ ہوتا ہے۔ انشائیے میں کم سے کم الفاظ میں زیادہ سے زیادہ مفہوم ہوتا ہے۔ اس لئے انشائیہ نگار کو الفاظ کے انتخاب کا خاص خیال رکھنا پڑتا ہے۔

آغا حیدر حسن کے انشائیوں میں ہمیں یہ خوبی نظر آتی ہے۔ ان کے انشائیے "ڈاک خانے پر الزام" اور "بے توجہی" نہایت مختصر انشائیے ہیں۔ "ڈاک خانہ پر الزام" سے ایک اقتباس ملاحظہ ہو جس میں مختصر مگر جامع انداز میں روپا اور موتی کی ازدواجی زندگی کا حال بیان کیا گیا ہے:

"روپا اور اس کا شوہر موتی ملا پلی کے سرکاری مکان میں رہتے تھے، دونوں میں بڑا پیار، اخلاص اور میل جول، ایک دوسرے کا دموں دیوانہ، بیاہ ہو کے چودہ برس ہو گئے

روپا کے چوہے کا بچہ بھی نہ ہوا"۔

(ندرت زبان ص ۳۶۰)

مذکورہ اقتباس میں آغا حیدر حسن نے اختصار سے کام لیتے ہوئے چند الفاظ کے سہارے اپنی بات مکمل کی ہے۔ انشائیہ کی ایک اور خصوصیت اس کی شگفتہ بیانی ہے۔ شگفتہ بیانی سے مراد اسلوب کا نیا پن یا اسلوب کا پُر لطف ہونا ہے۔ انشائیہ کے لئے جو زبان استعمال کی جائے وہ بڑی شیریں، بے ساختہ اور بے تکلف ہونی چاہئے چنانچہ اس سلسلے میں سلیم اختر لکھتے ہیں:

"یقیناً انشائیہ کے مطالعے سے مسرت حاصل ہوتی ہے۔ انشائیہ نگار اپنے قاری کو یہ مسرت دو طریقوں سے بہم پہنچاتا ہے۔ ایک تو نئے انوکھے اور چونکا دینے والے خیالات سے اور دوسرے اسلوب کی پرکاری سے ہے"۔

(سلیم اختر، انشائیے کی بنیاد ص:۳۱۱)

آغا حیدر حسن کسی بھی موضوع کے بارے میں اظہار خیال کرتے وقت اُسے نئے اور انوکھے انداز سے دیکھتے ہیں۔ اقبال کی نظم نگاری کی ابتداء اور ارتقاء پر تبصرہ کرتے ہوئے اُسے انوکھے اور شگفتہ اسلوب کے ساتھ یوں بیان کرتے ہیں:

"حضرت اقبال نے جب اپنا قصر شاعری تعمیر کرنا شروع کیا تو اپنے ٹھیرنے کے لئے پہلے ہمالیہ کی دیواریں اٹھادیں۔ سوامی رام تیر تھ، شری رام چندر جی اور گرونانک کو پاس بٹھایا۔ سامنے ہندی بچے حضرت اقبال کی تعلیم کی ہوئی دعائیں مانگتے اور ننھی منی سی فوج بنا کر کھیلتے تو حضرت اقبال ہی کا سکھایا ہوا ترانہ گاتے ہوئے فوجی کرتب دکھا کر جو خوشی کرتے ان کو "مکڑا اور مکھی" دکھا کر خرم و احتیاط کا سبق دیا۔ عبادت کے لئے نیا شوالہ تعمیر کر دیا پھر اس محل نے وہ وسعت اختیار کی کہ دنیا کا چپہ چپہ اس کی رتن جڑاؤ چھت کے

نیچے آ گیا ہے اور جو حصے چھٹے وہ محل کے بائیں باغ کا کام دیتے تھے۔ اس محل میں مذہب ملت، رنگ و روغن کی قید نہیں بلکہ خودداری اور مکمل انسانیت ہے"۔

(حیدرآباد کی سیر۔ ص: ۱۳۱)

مندرجہ بالا اقتباس سے ہمیں ان کے شگفتہ اور دلکش اسلوب کا اندازہ ہوتا ہے۔

انکشاف ذات بھی انشائیہ کا اہم عنصر ہے۔ انشائیہ نگار کسی موضوع پر اظہار خیال کرتے وقت اپنی شخصیت کے نقوش چھوڑتا جاتا ہے۔ انشائیہ میں ادیب کی شخصیت کے بہت سے گوشے ہمارے سامنے عیاں ہوتے ہیں۔ بقول ڈاکٹر یوسف سرمست

"انشائیہ میں مواد اور ہیئت دونوں پر شخصیت کی چھاپ ہوتی ہے اور شخصیت کی یہ جلوہ گری انشائیہ کو مقبول ہی نہیں محبوب بھی بنا دیتی ہے۔"

(ڈاکٹر یوسف سرمست۔ عرفان منظر۔ ص ۱۳)

آغا حیدر حسن اپنے مضمون "قادر حسین خاں مرحوم اور میں" میں ان کی شخصیت کی عکاسی کرتے ہوئے خود اپنی شخصیت کے ایک خاص پہلو پر روشنی ڈالتے ہیں یعنی وہ شب بیداری کے عادی نہیں ہیں۔ اس سلسلے میں وہ نہایت پُر لطف انداز میں لکھتے ہیں:

"میرا مزاج دن میں امیرانہ ہوتا ہے اور ادھر سورج ڈوبا اور کسی مزدور کی روح نے مجھ میں حلول کیا قدامت پسندی پر مجھے ناز ہے لیکن رات کا مشاعرہ جان پر بنا دیتا ہے۔ جی چاہتا ہے کہ یہ رسم بدل جائے اور مشاعرے دن کو ہونے لگے۔ صاحب دل نہیں جو شب بیداری کے عادی ہوں۔ شاعر کا کلام آدھی رات کو داروئے بیہوشی کا کام کرتا ہے۔ پھر مزا کیا رہا"۔

(ندرت زبان ص: ۱۳۱)

اس اقتباس سے پتہ چلتا ہے کہ وہ اس حقیقت سے واقف ہیں کہ مشاعرے رات ہی

میں مزہ دیتے ہیں لیکن وہ رات میں جاگنے کے عادی نہیں ہیں اس لئے مشاعروں کو دن میں سننا پسند کرتے ہیں۔

انشائیہ میں جہاں اختصار شگفتگی اور انکشاف ذات کو اس کی خصوصیات میں شمار کیا جاتا ہے وہیں طنز و مزاح بھی انشائیہ کا جز و خیال کیا جاتا ہے لیکن یہ انشائیے کے لئے لازمی نہیں ہے بلکہ اسے سہارے کے طور پر استعمال کرتے ہیں۔ انشائیہ نگار طنز سے زیادہ مزاح کا سہارا لیتا ہے تا کہ وہ قاری کو اپنے اعتماد میں لے سکے۔

آغا حیدر حسن اپنے انشائیے "ڈاک خانے پر الزام" میں خط کے صحیح پتے کو ضروری سمجھتے ہیں اور اس پر اظہار خیال کرتے ہوئے وہ مزاحیہ اور دلچسپ انداز میں لکھتے ہیں

"اتا پتا ایسا لکھنا چاہئے کہ اندھا بھی لکڑی ٹیکتا ٹھکانے پر پہنچ جائے پتہ صاف اور خوش خط ہونا چاہئے کسی نے لکھا میاں اجمیر گئے۔ کچھ لکھا اس طرح کہ پڑھنے والے نے پڑھا میاں آج مر گئے۔ رونا مچ گیا، چوڑیاں ٹھنڈی ہوئیں۔۔۔ اب اس میں ڈاک خانے کی کونسی خطا"۔

(ندرت زبان ص: ۳۶۰)

مزاح کی طرح بے تکلف گفتگو بھی انشائیے کا ایک جز ہے۔ انشائیہ نگار قاری پر اپنی رائے کو مسلط ہونے نہیں دیتا بلکہ ہلکے پھلکے انداز میں قاری کو محظوظ کرتے ہوئے اپنی رائے کو اس طرح پیش کرتا ہے کہ قاری لطف اندوز بھی ہوتا ہے اور انشائیہ نگار کی رائے سے متفق بھی۔

آغا حیدر حسن کے زمانے میں چوں کہ نوابوں کی معاشی صورتحال بڑی خراب تھی۔ حالات بدل چکے تھے لیکن رسم و رواج کی ادائیگی میں کمی نہ کی جاتی اسی نوابی شان اور ٹھاٹ سے تمام رسوم ادا کئے جاتے۔ آغا حیدر حسن کی اپنی پیدائش کے بعد چھٹی چھلے

کی جو رسم ادا کی گئی اس سے متعلق اپنے ایک انشائیہ میں انہوں نے نہایت سادگی اور بے تکلفی سے ان رسوم کا ذکر کیا ہے۔ وہ لکھتے ہیں:

"خاندان کے بخت اڑ گئے بلندی رہ گئی تھی خوب دھوم دھام سے چھٹی چھلے کی رسمیں ہوئیں ایک چاندی کی کٹوری میں سونے چاندی کی کھچڑی میرے ننھیال سے آئی میرے لئے سونے کی چینی۔ جھن جھنے، گنگا جمنی چٹے بٹے ہاتھوں کے کڑے اور چھوٹے چھوٹے برتن کپڑے اور جو جو رسم دنیا اس زمانے کی تھی پوری کی گئی تھی۔ بعض چیزیں میرے پاس اب تک ہیں میرے نواسوں اور نواسی کے تصرف میں ہیں"

(ص۔۳۵۸ ندرت زبان)

سادگی اور بے تکلفی کے ساتھ ساتھ آغا حیدر حسن کے یہاں ہمیں دلکش اور حسین مناظر کی بہترین تصویر کشی بھی ملتی ہیں۔ انشائیہ نگار جب اپنے انشائیے تخلیق کرتا ہے تو وہ اپنے تخیلات کی روشنی میں کسی مقام یا سماں یا پھر جزئیات کی ایسی دلکش اور حسین منظر کشی کرتا ہے کہ سارا نقشہ نظروں میں گھوم جاتا ہے۔

آغا حیدر حسن کے انشائیوں میں بھی بڑے عمدہ دلکش مناظر بکھرے پڑے ہیں انہوں نے تاریخی عمارتوں، شاہی محلوں، نوابوں کی حویلیوں کا ذکر جابجا اپنے انشائیوں میں کیا ہے۔ نوابوں اور شاہوں کے لباس، زیورات، رہن سہن، عادات و اطوار، رسم و رواج غرض تمام تفاصیل ہمیں ان کے انشائیوں میں ملتی ہیں۔ ان کے ایک انشائیہ "دلی کی بیگمات" میں انہوں نے حویلیوں میں حمام کی اہمیت اور ضرورت پر روشنی ڈالتے ہوئے ان کی نہایت خوبصورت اور دلکش انداز میں منظر کشی کی ہے۔

"ہر حویلی میں حمام کا ہونا ضروری تھا۔ محل سرائوں میں سنگ مرمر کے پانچ پانچ درجے کے حمام ہوتے جن میں فرش اجارہ حوض ستون اور محرابیں سنگ مرمر کی

ہوتیں۔ چھتیں لداؤ کے گنبد کی ہوتیں جس کے بیچوں بیچ روشندان ہوتا اور اس میں روشنی آنے کے لئے چھوٹے چھوٹے مربع شیشے لگے ہوتے۔ کھڑکیاں ہوتیں جن میں چونے کی رہ بنا کر شیشے بٹھاتے تاکہ حمام خوب روشن رہیں"۔

(ص ۱۳۳۔ ندرت زبان)

مذکورہ بالا حوالوں سے آغا حیدر حسن کی انشائیہ نگاری کا بخوبی اندازہ ہوتا ہے۔ انہوں نے صنف انشائیہ کی خصوصیات کا استعمال بڑی عمدگی سے کیا ہے۔ ان کے انشائیوں میں اختصار اور جامعیت کے علاوہ شگفتہ بیانی، انکشاف ذات، بے تکلفی و سادگی، طنز و مزاح اور منظر کشی وغیرہ تمام خصوصیات بدرجہ اتم موجود ہیں اور ہم بلاشبہ انہیں اردو کے بلند پایہ انشائیہ نگاروں میں شمار کر سکتے ہیں۔

(۱۰) آغا حیدر حسن کی مقدمہ نگاری

واجدہ بیگم

اُردو ادب میں مقدمہ نگاری کو دیباچہ نویسی بھی کہا جاتا ہے۔ اس کو فنی اعتبار سے کافی اہمیت حاصل ہے۔ ایک کامیاب مقدمہ اپنے لکھنے والے کی علمیت، وسعت نظر، فکری افتاد، تحقیقی دسترس اور تنقیدی صلاحیتوں کا عکاس ہوتا ہے۔

اُردو ادب میں مقدمہ نگاری کے کوئی خاص اصول مقرر نہیں ہیں۔ عام طور پر مقدمہ میں مقدمہ نگار موضوع سے متعلق مختصر ساپس منظر پیش کرنے کے بعد مصنف کا تعارف کراتا ہے۔ اس کی علمی قابلیت، سیرت، تعلیم و تربیت، اندازِ فکر اور تنقیدی و تحقیقی صلاحیت کا جائزہ لیتا ہے۔ وہ قاری کو کتاب کے موضوع سے واقف کراتا ہے۔ یہ تعارف اتنا مفصل اور جامع ہونا چاہیے کہ قاری کتاب کے موضوع سے واقفیت حاصل کر کے کتاب کے مطالعہ کی جانب مائل ہو۔

آغا حیدر حسن مرزا نے مقدمہ نگاری کے لئے مختلف اصنافِ شعر و ادب پر مشتمل تصانیف پر مقدمے تحریر کئے ہیں جن تصانیف پر انہوں نے مقدمے لکھے ہیں۔ ان میں شعری مجموعے بھی ہیں اور شخصیت و فن سے متعلق کتابیں بھی ہیں۔

آغا حیدر حسن مرزا نے حسب ذیل کتب پر اپنے مقدمات لکھے ہیں۔

۱) پیش لفظ بر کتاب قیصری بیگم صاحبہ

۲) تہنیت زورؔ کے نعت کے مجموعے تسلیم و رضا پر مقدمہ

۳)غلام پنجتن کی کتاب علگیات پر تبصرہ

۴)مقدمہ بر کتاب پریت کی ریت

۵)مقدمہ دیوانِ جان صاحب

۶)وقار النساء بیگم کی کتاب پکوان کا دیباچہ

مقدمہ کی ایک خصوصیت یہ بتائی جاتی ہے کہ مقدمہ نگار مصنف کا تعارف پیش کرنے سے قبل اس کے عہد کا مختصر سا پس منظر بھی بیان کرتا ہے۔ آغا حیدر حسن مرزا اپنے مقدموں اور دیباچوں میں ادیب یا شاعر کے زمانے کے سیاسی، سماجی اور تہذیبی اثرات کا جائزہ لیتے ہوئے اس عہد کے حالات کا پس منظر بیان کرتے ہیں۔ سید غلام پنجتن کی کتاب "علگیات" کے مقدمہ میں اس عہد کی تہذیب و تمدن اور اس عہد کے حالات کے پس منظر پر اس طرح روشنی ڈالتے ہیں

"خلافت کی تحریک بھی ترقی پر تھی، مولانا محمد علی مرحوم اور مولانا شوکت علی مرحوم بھی سیاست کے اکھاڑے میں اتر آئے تھے اور زوروں پر حکومت سے کشتی ہو رہی تھی۔ لیکن ضابطہ کے ساتھ۔۔۔ غرض اس زمانے کی دانشگاہ میں مذہبی، سیاسی، معاشرتی موجیں اٹھ اٹھ کر ایک طوفان بپا کئے ہوئے تھیں"۔

(ندرت زبان، ص۔۳۳)

اسی طرح آغا حیدر حسن مرزا نے کتاب "پریت کی ریت" پر بھی ایک مقدمہ لکھا جس سے مصنف کے عہد کے حالات کا بخوبی اندازہ ہوتا ہے۔ انہوں نے "پریت کی ریت" میں اس عہد کی زبان کا پس منظر نہایت شگفتہ اور دلکش انداز میں بیان کیا ہے لکھتے ہیں

" دلی پیاری سے لے آگرے تک، ندی کنارے کا علاقہ برج باجتا ہے، یہی مہاراج

سری کرشن چندر جی کی جنم بھومی ہے جس کے بھاگوں اس کا چپہ چپہ ہندی رومان کی جان ہے ۔۔۔ یہاں کی بولی برج بھاشا کہلاتی ہے، اُس میں رس اسی رسیا کا آیا ہے اور موہ! اسی موہن کا۔ مسلمان آئے وہ بھی بے موہے نہ رہ سکے۔ اور اس مٹھ بولی پر ایسے بھولے کہ اپنی بھول گئے اور جو کچھ عربستان، ایران، ترکستان کے تحفے لائے تھے، وہ اس البیلی کے آگے دھرے۔ اس چھیلی نے بھی انھیں رجھانے کو وہ سولہ سے سنگار اور بارہ سے ابھرن کئے کہ امیر سے لے فقیر سبھی اس کی چپنی چپنے لگے"۔

(ندرت زبان۔ ص۔۳۸)

مندرجہ بالا اقتباس سے نہ صرف اس عہد کا پس منظر اور جغرافیائی حالات کا علم ہوتا ہے بلکہ ان کی لطیف اور شگفتہ نثر بھی پڑھنے والوں کو متاثر کرتی ہے۔

جیسا کہ پہلے عرض کیا جاچکا ہے کہ مقدمہ کی ایک خصوصیت یہ بھی ہے کہ اس میں مصنف کا تعارف پیش کیا جاتا ہے۔ آغا حیدر حسن مرزا نے اپنے مقدموں میں نہ صرف موضوع کے تعلق سے لکھا ہے بلکہ مصنف کے خاندان حالات ان کی علمی قابلیت، سیرت و کردار، تعلیم و تربیت اور شخصیت کے تمام پہلوؤں کو بھی اجاگر کیا ہے۔ اس کی مثال مقدمہ "علگیات" سے ملاحظہ ہو جہاں انہوں نے مصنف کے خاندانی حالات اور سیرت و شخصیت پر روشنی ڈالی ہے:

"پنجتن بھائی جان میری پسلی کی نکلی سیدہ بدرالنساء بیگم کے بھائی جان اور میرے بھی بھائی جان۔ اپنے والد نواب سراج یار جنگ سے چاہے کچھ نہ پایا ہو۔ لیکن ذہانت، متانت، زندہ دلی اور شگفتگی تو پوری کی پوری میراث میں پائی۔"

(ندرت زبان۔ ص ۳۲)

مقدمہ نگار کسی کتاب پر مقدمہ لکھتے وقت مصنف کی تخلیق کا جائزہ لیتے ہوئے

تنقیدی رائے بھی دیتا ہے۔ آغا حیدر حسن مرزا نے تہنیت زور کے نعتیہ کلام "تسلیم و رضا" پر مقدمہ لکھتے وقت نعت کے فنی خصوصیات کے اعتبار سے ان کے کلام کا جائزہ لیا اور اپنی تنقیدی رائے دیتے ہوئے تہنیت ؔ کے مقام و مرتبہ کا تعین کیا ہے کیونکہ نعت لکھتے وقت حدودِ شریعت کی پاسداری کے علاوہ الوہیت اور نیابت کے فرق کو پیش نظر رکھنا ضروری ہے۔ دراصل حفظ مراتب کے ادراک کا نازک مقام نعت نگاروں کے لئے پل صراط عبور کرنے کے مترادف ہے۔ اس سلسلے میں آغا حیدر حسن مرزا نے تہنیت النساء کی نعت گوئی کے تعلق سے جو رائے دی ہے اس سے نعت گوئی کے فن سے ان کی بھرپور واقفیت کا بھی علم ہوتا ہے۔ وہ لکھتے ہیں

"۱۹۵۷ میں مجھے عزیزی ڈاکٹر زور صاحب نے دو کتابیں ذکر و فکر اور صبر و شکر بیگم زور سلمہا کی طرف سے ان کے دستخط کے ساتھ لا کر دیں۔۔۔ جب ان کتابوں کی باری آئی تو مجھے ایسا محسوس ہوا کہ اس قدیم روش پر ان کو پڑھنا سوئے ادبی ہے۔ میں نے اگربتیاں روشن کیں اور تخت پر بچھی جانماز پر قبلہ رُخ ہو کر اور ذرا رخ مدینہ منورہ کی طرف کر کے پڑھنا شروع کیا جو حلاوت ملی وہ میں کیا بیان کروں، پوری کتاب میں کوئی خیال ایسا نہ تھا کہ جس کو کہیں کہ اس میں شرک یا کفر کا شائبہ ہے"۔

(ندرت زبان۔ ص ۲۰)

اس اقتباس سے نہ صرف حضورؐ سے آغا صاحب کی عقیدت کا علم ہوتا ہے بلکہ نعتیہ کلام کے آداب سے ان کی بھرپور واقفیت کا بھی پتہ چلتا ہے۔

تہنیت ؔ صاحبہ کے کلام کے علاوہ سید غلام پنجتن کی کتاب پر مقدمہ لکھتے وقت بھی انہوں نے مصنف کا تعارف اس کے عہد کا پس منظر اس کی سیرت نگاری، تعلیمی قابلیت اور اندازِ فکر کے علاوہ ان کی تخلیقی صلاحیتوں کا بھی ذکر کیا ہے۔ چنانچہ معتدل اور متوازن

انداز میں اپنی تنقیدی رائے دیتے ہوئے وہ لکھتے ہیں:

"آخری گیارہویں غزل میں تخلص نہ چھپا سکے۔ اس مجموعے میں جو کچھ ہے وہ رسمی ہے لیکن بھائی جان ہزل اور مزاحیات کے بادشاہ ہیں۔ میرے علم میں اس وقت ان سے بڑھ کر اس صنف میں کوئی نہیں۔ اپنے متقدمین پر جو ان کو فوقیت ہے وہ الفاظ کی شوکت اور بندش کی چستی اور اس پر سہل التقطیع۔ اکثر دوستوں کی شادیوں پر مسدس لکھے ہیں، خوب لکھے ہیں"۔

(ندرت زبان۔ ص ۳۴)

اس طرح کئی اور کتنی ہی رائیں آغا حیدر حسن مرزا کے مقدمات میں بکھری پڑی ہیں۔ ان کی تنقید کی اہم خصوصیت یہ ہے کہ انہوں نے اپنے مقدموں و دیباچوں میں مصنف کی خوبیوں اور خامیوں کی نشاندہی بھی کی اور مقدمہ نگاری کی خصوصیات کو بھی ملحوظ رکھا ہے۔ مقدمے اور دیباچے لکھنے سے قبل وہ تصنیف کا گہرا مطالعہ کرتے ہیں۔ مختلف اصناف شعر و ادب سے متعلق تصانیف اور ان کے مقدمات دیکھنے سے ان کے شگفتہ اسلوب، ان کے مطالعے کی وسعت، تمام اصناف شعر و ادب سے واقفیت، ان کے ادبی وقار، تجرِ علمی اور تنقیدی بصیرت کا بھی پتہ چلتا ہے۔ غرض ان میں وہ تمام خصوصیات پائی جاتیں ہیں جو ایک بلند پایہ مقدمہ نگار میں ہونی چاہیے۔

(۱۱) پروفیسر آغا حیدر حسن مرزا: فن اور شخصیت
(تلخیص سمینار)
قدیر انصاری

"آغا حیدر حسن مرزا شخصیت اور فن" کے عنوان سے ایک سمینار ۱۶/اگست ۲۰۰۹ء بمقام آغا حیدر حسن میوزیم و کلچرل سنٹر بنجارہ ہلز حیدرآباد منعقد ہوا۔ آغا حیدر حسن کے داماد سید معظم حسین، آغا صاحب کی صاحبزادی محترمہ مہر النساء صاحبہ اور آغا صاحب کے نواسے ڈاکٹر میر اصغر حسین نے اس سمینار کا اہتمام کیا۔ اس سمینار میں سنٹرل یونیورسٹی آف حیدرآباد کے اساتذہ اور ریسرچ اسکالرس نے حصہ لیا۔ اس سمینار کے دو سیشن ہوئے۔ پہلا سیشن صبح ۱۰ بجے تا ۱ بجے تک اور دوسرا سیشن ۲ بجے تا ۴ بجے شام منعقد ہوا۔ جناب غنی نعیم لکچرر انوار العلوم کالج نے دونوں سیشن کی نظامت کے فرائض انجام دیئے اور خیر مقدمی تقریر کی۔

جناب میر معظم حسین نے اپنے افتتاحی خطاب میں آغا حیدر حسن مرزا کی شفقتوں کو بیان کرتے ہوئے پرانی یادوں کو تازہ کیا۔ اور آغا حیدر حسن مرزا میوزیم و کلچرل سنٹر کے قیام کے ضمن میں جناب میر اصغر حسین اور دختر سلطانہ کے تعاون اور انتھک محنت کا ذکر کیا۔ انہوں نے آغا حیدر حسن کے شب و روز کی تفصیلات بتاتے ہوئے ان کی ہمہ جہت شخصیت کو خراج عقیدت پیش کیا۔ انہوں نے کہا کہ اس میوزیم اور کلچرل سنٹر کے تحت متعدد کتابیں شائع کی گئی ہیں لیکن ابھی بہت کچھ باقی ہے۔

جناب غنی نعیم نے اپنی خیر مقدمی تقریر میں کہا کہ آغا صاحب اُردو ادب کی وہ با کمال شخصیت ہیں جن کا نسبی تعلق شاہانِ مغلیہ سے ہے۔ آغا صاحب مغلیہ حکومت کی بیگماتی زبان پر غیر معمولی قدرت رکھتے تھے۔ آغا صاحب کا ایک ایک مضمون، ایک ایک سطر اور الفاظ کا دروبست اُردو ادب کی تمام اصناف کا مجموعہ ہے۔ مشاہدہ کی گہرائی و گیرائی، جوہر شناسی اور وضعداری میں وہ اپنی نظیر آپ تھے۔ جناب غنی نعیم نے کہا کہ پروفیسر آغا حیدر حسن مرزا کی شخصیت اور فن پر سمینار کی ضرورت کا احساس سب سے پہلے ڈاکٹر زینت ساجدہ نے دلایا تھا۔ لیکن آج زینت آپا کے شاگرد رشید پروفیسر اصغر حسین تیمور نے زینت آپا کے اس خواب کو حقیقت میں بدل دیا ہے۔

سمینار کے آغاز میں محترمہ آمنہ انصاری وائس پرنسپال انوارالعلوم کالج نے آغا حیدر حسن مرزا کا مرقع پیش کرتے ہوئے اپنی مرصع تحریر کے جادو سے محفل کو مسحور کر دیا۔ انہوں نے ڈاکٹر زینت ساجدہ کے توسط سے آغا حیدر حسن سے پہلی ملاقات کے علاوہ ویمنس کالج میں منعقدہ ایک تقریب میں آغا حیدر حسن مرزا کی آمد کا ذکر نہایت دلچسپ اور خوبصورت انداز میں پیش کیا۔ اُردو کے معروف نقاد پروفیسر شارب ردولوی نے اس سمینار کے لئے اپنا مضمون بذریعۂ ڈاک روانہ کیا۔ اِسے ممتاز شاعر جناب قدیر انصاری نے اس سمینار میں پیش کیا۔ اس مضمون میں پروفیسر شارب ردولوی نے کہا کہ آغا حیدر حسن کی کتاب حیدرآباد کی تہذیب و ثقافت پر ایک دستاویز کی حیثیت رکھتی ہے۔

پروفیسر رحمت یوسف زئی نے آغا حیدر حسن کی تیار کردہ دکنی لغت کا سیر حاصل جائزہ لیتے ہوئے آغا حیدر حسن کی باریک بینی اور ادب و زبان کے علاوہ دکنی ادب سے ان کی گہری دلچسپی کا ذکر کیا۔ انھوں نے کہا کہ یہ لغت اس وقت لکھی گئی جب دکنی کی کوئی لغت موجود نہ تھی اور آغا حیدر حسن مرزا نے وقت کی ایک اہم ضرورت کو پورا کرنے کی

کوشش کی۔ آغا حیدر حسن مرزا کی چالیس سال کی محنت اس لغت کی شکل میں پروفیسر مغنی تبسم کی مدد سے منظر عام پر آسکی۔

ڈاکٹر رضوانہ معین ریڈر حیدرآباد سنٹرل یونیورسٹی نے پروفیسر آغا حسن حیدر کا سماجی و تہذیبی شعور (بحوالہ ندرتِ زبان) پیش کیا۔ انہوں نے آغا حیدر حسن کی تحریروں کو تہذیبی تاریخ کی میراث قرار دیتے ہوئے انہیں خراج عقیدت پیش کیا۔ ڈاکٹر رضوانہ معین نے "ندرت زبان" میں شامل مضامین کے حوالے سے آغا حیدر حسن کے سماجی و تہذیبی شعور کی نشاندہی کی۔ انہوں نے متعدد اقتباسات پیش کرتے ہوئے بتایا کہ اس مضمون میں "ندرتِ زبان" کے صرف دو مضامین سے استفادہ کیا گیا ہے۔

ڈاکٹر عرشیہ جبین لکچرر شعبہ اُردو حیدرآباد سنٹرل یونیورسٹی نے "پروفیسر آغا حیدر حسن اپنی تحریروں کے آئینے میں" کے زیر عنوان مقالہ پیش کرتے ہوئے اُن کی بذلہ سنجی اور پُر لطف اندازِ تحریر کی نشاندہی کی۔ انہوں نے آغا حیدر حسن کی تحریروں پر سیر حاصل گفتگو کرتے ہوئے انہیں صاحبِ طرز انشائیہ نگار قرار دیا۔

ڈاکٹر پرویز احمد نے "پس پردہ کی نسوانی زبان کی متحرک تصویریں" کے زیر عنوان اپنے مضمون میں آغا حیدر حسن مرزا کی بیگماتی زبان پر تفصیل سے روشنی ڈالتے ہوئے کہا کہ ان کی تحریروں میں نہ صرف رنگینی ہے بلکہ ساتھ ہی ساتھ نسوانی محاوروں کا استعمال اس میں حُسن پیدا کرتا ہے۔

سمینار کا دوسرا سیشن ڈاکٹر رضوانہ معین اور ڈاکٹر پرویز احمد کی مجلسِ صدارت میں منعقد ہوا۔ اس سیشن میں حیدرآباد سنٹرل یونیورسٹی کی ریسرچ اسکالر طالبات نے مقالے پیش کئے۔ نشاط بیگم نے "پروفیسر آغا حیدر حسن مرزا بحیثیت انشائیہ نگار" کے زیر عنوان اپنا مقالہ پیش کیا۔ انہوں نے کہا کہ آغا صاحب کا شمار نامور اور ممتاز ادیبوں میں ہوتا

ہے۔ انہوں نے مضامین، خاکے، ڈرامے، انشائیے اور لغت کے علاوہ بچوں کے لئے بھی چند مضامین بطورِ یادگار چھوڑے ہیں۔ انہوں نے کہا کہ آغا حیدر حسن بنیادی طور پر انشائیہ نگار تھے۔ ان کے تقریباً مضامین میں ہمیں انشائیہ کی خصوصیات ملتی ہیں۔

ناہید بیگم نے "حیدرآباد کے تہذیبی اور ثقافتی عناصر حیدرآباد کی سیر " کے حوالے سے " کے زیر عنوان اپنے مقالے میں کہا کہ آغا صاحب کی ادبی خدمات ناقابلِ فراموش ہیں۔ وہ اپنی تحریروں میں نہایت گہرائی اور گیرائی سے بہت خوبصورت منظر کشی کرتے ہیں۔ انہوں نے سابقہ حیدرآباد میں استعمال ہونے والے لفظیات کا ذکر کیا، لباس کے اقسام گنوائے اور یوم عاشورہ کی اہمیت کو اجاگر کیا۔ انہوں نے آغا حیدر حسن مرزا کو زبان کا بادشاہ قرار دیا۔

سمیہ تمکین ریسرچ اسکالر ایم فل یونیورسٹی آف حیدرآباد نے اپنا مقالہ "پروفیسر آغا حیدر حسن مرزا کے سفر نامے " کے عنوان سے پیش کیا۔ انہوں نے کہا کہ آغا صاحب کی زبان دلی کے لال قلعہ کی ٹکسالی زبان تھی اور وہ زبان و بیان پر قدرت رکھتے تھے۔ آغا صاحب مزاج کے بادشاہ تھے۔ دستکاری اور کاریگری کو بہت اہمیت دیتے تھے۔ اچھی مصنوعات کی قدر کرتے اور تعریف کرتے۔ مناظرِ قدرت کے دلدادہ تھے جس کا ثبوت ان کے سفر ناموں میں ملتا ہے۔

واجدہ بیگم نے " آغا حیدر حسن مرزا کی مقدمہ نگاری " کے زیر عنوان اپنا مقالہ پیش کیا۔ انہوں نے آغا صاحب کے لکھے ہوئے مقدموں کا سیر حاصل جائزہ لیا۔ انہوں نے آغا صاحب اپنے مقدموں میں متعلقہ ادیب اور شاعر کے زمانے کا پس منظر بھی پیش کرتے ہیں۔ اس ضمن میں واجدہ بیگم نے اقتباسات بھی پیش کرتے ہوئے کہا کہ آغا صاحب مصنف کی خوبیوں کے ساتھ ساتھ خامیوں کی نشاندہی بھی کرتے ہیں۔

مجلس صدارت کے دونوں صدور ڈاکٹر پرویز احمد اور ڈاکٹر رضوانہ معین نے تمام مقالات پر اپنے خیالات کا اظہار کرتے ہوئے تمام مقالوں کی ستائش کی اور مقالہ نگاروں کو مفید مشورے بھی دیئے۔

جناب قدیر انصاری نے دونوں سیشن کے تمام مقالوں کے اہم نکات پیش کئے جس پر جناب سید معظم حسین نے اظہار خیال کیا اور تمام مقالوں کو سراہا۔ ناہید بیگم نے سنٹرل یونیورسٹی آف حیدرآباد کے مقالہ نگاروں کی جانب سے اظہار تشکر کیا۔ آخر میں جناب غنی نعیم نے شکریہ ادا کرتے ہوئے سمینار کے اختتام کا اعلان کیا۔

قطعات: قدیرؔ انصاری

جس محفل میں اُردو بولے
اُس محفل میں خوشبو بولے
اِتنا میٹھا لہجہ اِس کا
کوئل جیسے کوکو بولے

**

چھم چھم جیسے گھنگرو بولے
سر پر چڑھ کر جادو بولے
تن بھی ڈولے من بھی ڈولے
کوئی جب جب اُردو بولے

***